普华
PUHUA BOOKS

我
们
一
起
解
决
问
题

直播卖货口才训练系列

化妆品直播卖货
超级口才训练

刘和平　著

人民邮电出版社
北　京

图书在版编目（CIP）数据

化妆品直播卖货超级口才训练 / 刘和平著. -- 北京：
人民邮电出版社，2020.7
（直播卖货口才训练系列）
ISBN 978-7-115-54283-0

Ⅰ．①化… Ⅱ．①刘… Ⅲ．①化妆品－网络营销－口
才学 Ⅳ．①F767.9②H019

中国版本图书馆CIP数据核字(2020)第106146号

内 容 提 要

　　直播卖货作为一种新兴的销售方式，受到了越来越多的品牌商和制造商的青睐。化妆品是广大主播接触最多的品类之一，销售化妆品的主播必须具备出色的沟通能力和应变能力，才能做好自己的工作。

　　本书以常见的几十个场景为线索，介绍了主播在直播间销售化妆品的过程中可能遇到的问题，对粉丝的相关行为和心理进行了深入分析，阐述了主播需要掌握的沟通技巧，并给出了非常实用的话术范例。书中内容可以帮助化妆品主播增强沟通能力，顺利促成交易，持续提升业绩。

　　本书适合销售化妆品的主播阅读，也可以作为化妆品专卖店等零售终端的销售人员和销售管理者的参考读物。

◆　　著　　　刘和平
　　　责任编辑　陈　宏
　　　责任印制　彭志环

◆　　人民邮电出版社出版发行　　北京市丰台区成寿寺路 11 号
　　　邮编　100164　　电子邮件　315@ptpress.com.cn
　　　网址　https://www.ptpress.com.cn
　　　廊坊市印艺阁数字科技有限公司印刷

◆　　开本：700×1000　1/16
　　　印张：13.5　　　　　　　　　2020 年 7 月第 1 版
　　　字数：180 千字　　　　　　　2025 年 6 月河北第 10 次印刷

定价：59.00 元

读者服务热线：(010)81055656　印装质量热线：(010)81055316
反盗版热线：(010)81055315

随着移动互联网的发展和智能移动终端的普及，便捷的网络购物逐渐成了主流的购物方式之一。然而，传统的网络购物也存在不少弊端，例如，商品照片被过度美化，没有销售员进行有针对性的推介等。近年来，一种新的网购形式出现了，它就是直播购物。

直播购物是传统网络购物的升级版，它同样依附于互联网，需要通过智能移动终端将信息传达给顾客。不同之处在于，直播购物能够将产品更直观地呈现给顾客。此外，在直播购物中增加了一个新的角色——主播，主播既能与顾客互动，也能对产品进行细致的介绍。

在直播购物领域，化妆品是一个十分重要的品类。这是因为，化妆品已经成了很多人的必需品，而且直播间售卖的化妆品的价格普遍比实体店优惠，品种也十分丰富。再加上主播能对产品进行细致的介绍和展示，越来越多的人选择在直播间购买化妆品。

化妆品直播卖货的门槛并不高，优秀的主播往往收入颇丰。因此，越来越多的人跨入了化妆品直播行业，成了卖货主播。可是，等真正开始做直播，很多人才发现化妆品直播卖货并不简单，因为直播非常考验主播的口才、应变能力和专业素质。

主播面临的第一个问题是如何聚集粉丝。粉丝是直播卖货的基础，粉丝数量决定了直播间的销量。如果没有粉丝观看直播，卖货就无从谈起。然而，聚集粉丝并不容易，因为粉丝对主播有着诸多要求。

主播的直播风格很庸俗——对不起，不看！

主播的开场白枯燥无味——对不起，不看！

主播的控场能力不强——对不起，不看！

主播缺乏处理突发事件的能力——对不起，不看！

即使主播善于聚集粉丝，粉丝也会因为主播对化妆品的介绍不专业或者主播一个劲儿催单而选择不买产品。在化妆品直播卖货的过程中，主播如履薄冰，只要有一句话说不好，让粉丝不满意，粉丝都可能会拒绝购物，更别说关注主播了。

化妆品直播卖货其实就像一场脱口秀，说得好，才会有粉丝捧场。因此，在成为一名化妆品卖货主播之前，不仅要多了解关于化妆品的专业知识，还要训练口才。只有会说话、足够专业，才能从一众主播中脱颖而出。

主播要想取得不错的业绩，就要学会处理直播各个环节的典型问题，包括如何说好开场白，如何深入介绍产品，如何巧妙催促粉丝下单，如何处理个别粉丝的刁难，如何在结束直播时"固粉"等。只有牢牢掌握相关的方法和技巧，才能成功地完成一场场直播。

如果你是一名化妆品直播卖货新人，或者有意投身化妆品直播卖货这个行业，请阅读本书，你将练就出色的口才，成为一名优秀的化妆品卖货主播。

目录

CONTENTS

1

开场白要精彩，一开口就把粉丝留下来

做化妆品直播，最终目的是卖货，而直播间里的粉丝则是顾客，因此，粉丝数量在一定程度上决定了直播间的销量。在开播的时候，如何让粉丝长时间驻留在直播间呢？在介绍产品的时候如何快速抓住粉丝的眼球呢？一个漂亮的开场白非常重要。

不要小瞧开场白，它对粉丝的去留、粉丝是否购买产品都发挥着决定性的作用。开场白说得好，3秒钟就能让粉丝喜欢上你和你的产品；开场白说得不好，3秒钟就会让粉丝离开转投其他主播的直播间。

01　粉丝都喜欢幽默有趣的主播

在很多年前，有人曾经做出预言，未来随着网络和硬件的发展、普及，每个人都将成为自己节目的主持人。现在，这个时代已经到来了，每个人都可以在自己喜欢的平台上，以自己喜欢的方式主持自己的节目。

每个人都有消磨时间的方式，而直播由于其便利性、独特性和时效性（见图1-1），成了很多人消磨时间的首选。大部分观众喜欢的自然是能给他们带来快乐的直播。

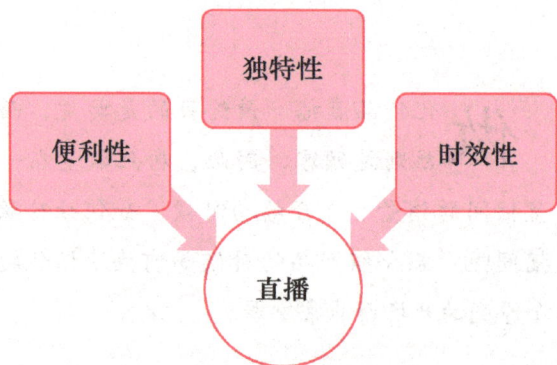

图1-1　直播的三大特性

在做化妆品直播卖货时，一开场我们就要让粉丝觉得我们的直播是有趣的，能给他们带来快乐。因此，在开播前，我们必须去寻找、创造有趣的事情，即便本人在日常生活中并不幽默，也要想办法设置一些幽默有趣的环节，让直播变得有趣起来。

人们将这种为了有趣的节目效果而进行特别设计的工作称为"整活"。这个词听起来通俗，却直指直播的本质。"活"就是你的工作，就是粉丝需要的东西；"整活"就是"整"出来粉丝需要的、喜闻乐见的东西。

案例回放

某主播进入化妆品直播行业并不长，但带出去的货却不少。这是因为，她开播时的开场白和介绍产品时的开场白都充满了幽默感。

该主播在介绍一款防晒霜时是这样说的："今天为大家推荐的这款防晒霜的优势非常明显，那就是防晒效果十分突出，以至于一些比较粗心的女生在使用它时产生了'困扰'。我有个朋友，她在擦这款防晒霜的时候没有摘掉眼镜。大家出去玩了一个下午，第二天所有人看见她都以为她被家暴了。她脸上其他地方的皮肤都是白的，只有眼镜下面没有擦防晒霜的地方被晒黑了。以前她也是这样擦防晒霜的，只不过颜色差异没这么明显。因为这款防晒霜，她算是彻底改掉了粗心的毛病。"

解析

人人都喜欢幽默，但开场白的幽默不能是毫无意义的幽默。即便内容很幽默，但要是与我们推介的产品无关，则不仅不会让粉丝满意，反而会因为前后风格的巨大差异而让后面正式介绍产品的话语显得有些无聊。

在开播之前，我们要根据本场直播的产品，事先准备一些大家喜闻乐见的段子，将产品与段子巧妙地结合起来，这样才能得到好的效果。

实战演练

场景1

当介绍一款比较油腻、不适合油性皮肤的人使用的护肤品时，我们可以这样开场：

"要说这款护肤品有什么缺点，那就是不适合油性皮肤的人使用。不过，问题也不算太大，我的皮肤就是油性皮肤，每次我用了这款护肤品，同事都会问我最近怎么吃得油光满面的。"

场景2

在推介指甲油时，我们可以这样开场：

"宝贝们，如果你们想选择一些颜色比较有个性的指甲油，譬如青色、紫色之类的，要尽量选看上去光泽饱满的，涂的时候要尽量涂满所有的指甲。我有一次只涂了大脚趾，朋友们见了都提醒我要小心点，别老是让门夹了脚。"

技巧点拨

技巧1：自嘲是最安全的幽默

直播内容越贴近生活，主播就越需要精妙的幽默技巧。很多主播想给粉丝留下幽默的印象，但没有那么多时间去准备笑料，因此经常使用夸张或者不切实际的说法。这样的笑料虽然容易制造，但很可能会冒犯别人。我们要尽量选择自嘲的方式，不要调侃品牌，更不要调侃粉丝。

技巧2：把握自嘲的尺度

为自己打造一个滑稽的形象的确能让更多的粉丝喜欢自己。但是，我们的目的不仅是让粉丝喜欢上自己，还要说服他们，让他们留在直播间，愿意购买我们推介的化妆品。因此，我们可以自嘲，但不能过于损害自身的形象，因为这可能会影响我们的说服力。我们要成为幽默的主播，而不是哗众取宠的小丑。

此外，夸张的程度也要把握好，有些笑料即便没有冒犯正在观看直播的粉丝，但人都有同理心，这些笑料可能还是会让一部分粉丝感到不舒服。把握好度是运用幽默时最重要的技巧。

02 巧妙地抛出"高帽"，让粉丝喜欢上你

以最快的速度拉近人与人之间关系的手段之一就是赞美，而赞美几乎是无成本的。要想成为一位拥有千万粉丝的优秀主播，要想让粉丝对你充满好感，就必须学会如何去赞美粉丝。很多时候，巧妙地向粉丝抛出"高帽"能快速俘虏粉丝的心。

案例回放

某主播用之前自己推介过的一款护肤品做开场白。这款护肤品近来争议颇多，但是该主播三言两语就将争议化解了，因为她给粉丝们戴了一顶"高帽"。

这位主播是这样说的："前几天我在直播中向大家推荐了一款护肤品。这两天出了一个因为不当使用这款护肤品而造成皮肤受损的新闻，很多宝贝给我留言，询问这款化妆品的质量如何。这则新闻已经明确说过，使用者是因为使用不当而造成皮肤受损的，与产品本身没有关系。我相信咱们直播间的宝贝都是很聪明的，都是有独立思考能力的，不会轻信网上的一些流言蜚语。只要按照说明书正确地使用这款产品，它一定让你变美丽。"

解析

案例中的主播在开播的时候以一款最近争议较多的护肤品为开场话题。她选择这样一个话题，其实也是因为担心直播间里的粉丝相信网络上的不实传言，继而排斥这款产品，甚至排斥她本人。

此时，如何化解粉丝的质疑，让粉丝继续喜欢她呢？她选择给粉丝戴一顶"高帽"，用赞美的话语消解粉丝的质疑，博得粉丝的好感。

实战演练

当粉丝对自己皮肤很黑感到烦恼时，我们可以这样说：

"现在已经不是'一白遮三丑'的时代了，肤色深一点看着多健康啊！我一直想把自己晒黑一点，就去做了晒灯美黑，结果晒出来的颜色和天然的小麦色根本不一样。宝贝们，深色皮肤看着健康有活力，一点都不比浅色皮肤差。当然啦，不管是浅色皮肤，还是深色皮肤，都有各自的好处，关键是看如何装扮自己。"

技巧点拨

技巧1：赞美要真诚

赞美别人时，最重要的不是把话说得花团锦簇、八面玲珑，而是要真诚。如果我们的赞美并不符合实际，就会让粉丝产生警惕心理，他们会认为我们是有强烈的目的性的，是有所求的，想要从他们身上获得什么，结果只会适得其反。

技巧2：切忌"踩一捧一"

我们赞美粉丝是为了赢得粉丝的好感，拉近自己与粉丝之间的距离。因此，我们在赞美粉丝的时候，切忌"踩一捧一"（见图1-2）。除非这件事情有着明显的对错好坏，否则当你赞美一部分粉丝时，其他粉丝就会感觉被冒犯。这不是有得有失，而是得不偿失。

TIPS:

⊙ 赞美要真诚

🚫 切忌"踩一捧一"

图1-2　赞美的技巧

03　做好产品预告，吊一吊粉丝的胃口

主播最希望拥有的是数量庞大的粉丝，因为这些粉丝就是潜在的顾客。想要将一名粉丝从开播留到结尾，说简单不简单，但说难也不

难。在开播的时候把产品预告做好，就能把粉丝的胃口吊起来。当粉丝对直播的产品充满好奇与期待时，自然赶都赶不走了。

案例回放

某主播是淘宝的当红美妆主播，主要做化妆品直播，她每场直播的观看人数高达上百万。

该主播一周直播三次，而且每次都在固定的时间段，因此每次直播结束后，她都不做预告，她会在直播当天的开头做一个预告。比较特别的是，她不会直接告诉粉丝具体要推介什么产品，只告诉粉丝要推介的产品的品牌。

她做产品预告时经常会这样说："今天要直播的化妆品品牌有……至于是这些品牌下的哪些产品，我先不说，等会儿正式直播的时候，我们一个个来揭秘。不过，我可以告诉大家，今天直播的产品非常特别，非常值得期待哦！"

该主播通过在产品预告中植入悬念，令粉丝在观看直播的过程中欲罢不能，仿佛是在拆礼物的包装盒，内心无比期待。

解　析

案例中的主播所采用的预告方式非常简单，只预告了产品品牌，但却没有预告具体的产品是什么，这样的预告方式是很吊人胃口的。

为了让粉丝更好奇，主播在预告中使用了"特别""值得期待"这样的字眼，进一步激发了粉丝的好奇心。

实战演练

场景1

在开播时，如果想要以产品类别为主题做产品预告，我们可以这样说：

"今天直播的化妆品种类非常丰富，有护肤类、彩妆类、卸妆类等，每一款产品都是我们精挑细选出来的哦。"

场景2

在开播时，如果想要以产品价格为主题做产品预告，我们可以这样说：

"今天直播的所有产品，我们都为大家争取到了一个超大的优惠，真的是买到就是赚到。如果你今天没有守在直播屏幕前，那真是吃了大亏了。"

技巧点拨

技巧1：突出记忆点

在直播的开头做产品预告时，一定要抓住一个要点——重点描述本场直播的内容。略微夸张的描述更容易引起粉丝的好奇心，激发他们对产品的兴趣。例如，如果我们的产品预告以效果为重点，那么只要预告产品有哪些效果即可，其他信息可以暂时不提。

技巧 2：让预告变成固定环节

预告这个环节如果缺少可看性，粉丝就会觉得这个环节是无意义的，是可以不看的。如果我们将预告变成固定环节，并融入自己的风格，使之足够有趣，粉丝就会期待预告的到来。

五感（视觉、听觉、嗅觉、味觉、触觉）是人类获取信息的主要途径，而粉丝从主播那里获得信息，依靠的主要是视觉和听觉。化妆品主播除了需要精心修饰自己的外表，还要懂得处理自己的声音，让自己的声音听起来更有魅力。

04　吐字清晰，表达准确，沟通才没有障碍

在直播过程中，粉丝通过视觉获取的信息只占一少部分，大部分信息要通过听觉获取。如果我们的声音不清楚、吐字不清晰，粉丝就会因缺乏对产品的了解对我们产生不好的印象（见图1-3）。

图1-3　主播的基本素养

案例回放

　　某主播在介绍一款婴幼儿护肤品的时候吐字不清，导致部分听众听错了产品的适用年龄。这一失误造成了严重的后果：不少家长给自己的宝宝使用了该护肤品后，宝宝的皮肤出现了轻微灼伤。因此，该主播遭到了不少受害者的声讨。幸亏道歉和赔偿比较及时、到位，才令事件平息，否则愤怒的家长们必然会将该主播告上法庭。

解　析

　　不同的护肤品有不同的适用人群和使用方式，既有可以与之搭配使用的产品，也有不能与之搭配使用的产品。想要做好一名化妆品主播，在介绍适用人群和使用方法时必须要做到准确无误。

　　人的肌肤是很脆弱的，如果不当使用化妆品，可能会造成难以修复的损伤。如果因为吐字发音等问题引发事故，轻则会让主播的名誉受损，被迫结束直播生涯，重则会让主播吃上不必要的官司。

实战演练

　　刚刚介绍完一款护肤品，在向粉丝告知购买方式时，时间已经过了0点，我们可以这样说：

> "这款护肤品,明天0点之前下单都是有返利的。等一下,我看一下时间。时间已经过了0点,不是明天,是今天。也就是说,在×月×日0点之前下单都是有效的。大家也不要记是今天还是明天了,毕竟我们这场直播跨过了一天的时间。请各位务必记住,在×月×日0点之前下单才有折扣,过了这个时间就没有折扣了。我再次提醒一下,我们的活动时间截至×月×日0点之前。"

技巧点拨

技巧1:尽量讲普通话

在介绍产品时,使用方言的确能让当地的粉丝产生更多的亲切感,营造出一种"接地气"的感觉。但是,方言的受众很窄,因此,主播在绝大多数情况下要尽量讲普通话。

有时候,为了追求节目效果,在介绍产品的使用方法时,可以先用方言说一遍,再用普通话说一遍,以保证观看直播的观众都能听清楚,这样就能避免误导粉丝。

技巧2:讲普通话时避免夹杂地方腔

我国地大物博,每个地区都有一种甚至很多种方言,因此很多人在说普通话的时候会不经意夹杂地方腔。主播要意识到,直播间的粉丝来自天南海北,无法保证每一位粉丝都能听懂带着地方腔的普通话。为了避免不必要的麻烦,直播的时候尽量不要带有地方腔。

05　语速和语调恰当，重要信息才能更好地传达出去

主播最重要的任务就是让粉丝把注意力集中在自己身上，只有这样我们才能将产品的特点、使用方式和价格等信息准确地传达给粉丝（见图1-4）。

大部分主播在直播之前都会做功课，他们把需要传达给粉丝的产品信息背得滚瓜烂熟。不过，在直播的时候，很多主播的做法是一股脑把所有信息都倒给粉丝，不管粉丝能否及时消化。直播当然要以粉丝为中心。在完全了解产品信息的前提下，我们要用恰当的语速、语调把重要的信息更好地传达出去。

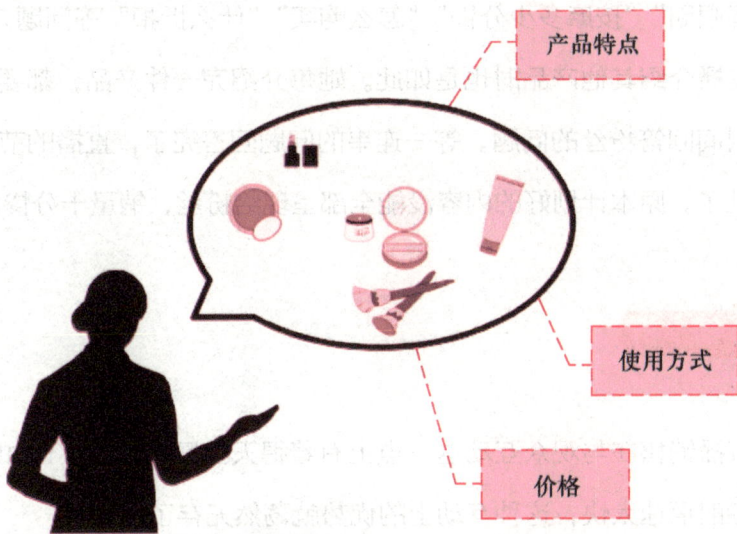

产品特点

使用方式

价格

图1-4　需要传达给粉丝的产品信息

某新人主播在直播时非常紧张，担心自己忘记产品信息，于是一股脑将产品信息倒给粉丝：

"这款产品是××品牌的眼霜，含有××精华素，只要每天早晚使用两次就能保证眼角的肌肤青春靓丽。眼角有了皱纹也不要紧，长期使用这款眼霜不仅可以紧致眼角肌肤，还能去掉皱纹。经常熬夜的人还可以用它去掉黑眼圈，只要每天晚上睡觉之前20分钟涂上按摩5分钟，就能减轻黑眼圈。现在只要在××网搜索'××旗舰店'即可购买，接下来的三天都有8.8折的优惠……"

主播在介绍产品信息时没有停顿，不换气说完了一大段。在她介绍到一半时，粉丝不断留言询问主播"什么精华素""一天用几次""怎么去黑眼圈""按摩多少分钟""怎么购买""什么折扣"等问题。

主播介绍其他产品时也是如此。她每介绍完一件产品，都要花大量的时间回答粉丝的问题。等一连串的问题回答完了，直播的节奏也完全乱了。原本计划好的内容没能全部呈现给粉丝，销量十分惨淡。

直播销售在与观众互动这一点上有着得天独厚的优势，但如果主播讲话时语速太快，这种互动上的优势就荡然无存了。

案例中的主播在介绍产品的环节与粉丝没有任何互动，粉丝跟不上主播的节奏，他们想要与主播互动却又插不进话去。最终结果如何呢？自然是一大段话都白讲了。因此，与其一股脑把信息倒出去之后一个个回答粉丝的问题，不如放慢语速，有节奏地讲一遍。

实战演练

场景1

在介绍产品的优惠信息时，我们可以这样说：

"我们今天介绍的产品都是××品牌的。除了这款明星产品，其他护肤品也可以去看看。从今天开始到这个星期结束，该旗舰店全场7折起。（提高音调，降低语速，一字一顿）全场7折起！（加大音量）大家千万不要错过！"

场景2

在为某品牌化妆品专卖店卖货时，我们可以这样说：

"（降低音调、音量）现在这款产品只在咱们直播间有活动，我小声点说，别让他们店里的其他客人听见了，以免影响他们的生意。你们要买就抓紧，活动时间短，数量也不多了。"

技巧点拨

技巧1：语速和语调要匹配

语速和语调要匹配，改变语速的同时也要注意语调是否需要变化。如果只调整语速，但语调始终保持不变，那么声音听起来就比较呆板机械，即便能很好地将信息传达给粉丝，也很难让粉丝喜爱主播。

声音是一位主播最重要的武器之一，也是主播提升个人魅力的关键点之一。内容与表现方式同样重要，除了产品，主播的个人魅力也是影响粉丝消费意愿的关键因素。

技巧 2：加快语速和拉高声调要循序渐进

加快语速、拉高声调能让声音听起来更加振奋人心，但是，一定要注意在快语速、高声调之下粉丝能否很好地理解我们在说什么。加快语速、拉高声调最好逐步进行，这样更容易产生递进效果，将信息传达到位。

直播最大的优势就是互动。主播是直播间气氛的掌控者，但是直播间的气氛又不完全取决于主播。如果没有搭档，没有人和主播演对手戏，那么再好的内容也展现不出来。

06 一个专属昵称拉近主播与粉丝之间的距离

在人与人的交往中，称呼最能直观反映彼此之间的关系。例如，陌生人之间通常会以"×先生""×女士""×老师""×经理"之类的尊称来称呼彼此；再熟悉一些之后，可能会直接称呼对方的名字；关系再近一些，就会称"小×""老×"或者一些绰号。

从心理学的角度来说，称呼的变化往往意味着彼此之间心理距离的变化。换言之，称呼直接反映了人与人之间的亲昵程度。一个恰当的称呼可以瞬间拉近两个人的距离；反过来，一个不恰当的称呼会在瞬间让对方产生反感的情绪，进而影响更深入关系的建立。

在做直播时，如何通过称呼粉丝来拉近主播与粉丝之间的距离也是一门非常重要的学问。

案例回放

很多主播都给自己的粉丝起了专属昵称。例如，"淘宝直播一姐"

薇娅就称自己的粉丝是"薇娅的女人"，并在方方面面都充分展现了她"宠粉"的一面。

"口红一哥"李佳琦也给自己的粉丝起了专属昵称——"所有女生"。不少粉丝表示，只要一听到这句昵称，就会产生一种"掏出钱包买买买"的冲动。

解析

在日常生活中，昵称的使用是非常普遍的。我们会用昵称称呼亲近的同学、朋友、亲人，也会用昵称称呼自己崇拜的偶像和喜欢的明星。这是表达喜爱情感的一种方式，也是拉近彼此距离、建立亲密关系的一种最简单也是最直接的方式。

薇娅将粉丝称为"薇娅的女人"，其实就在无形中拉近了自己与粉丝的距离，在彼此之间构建起了一种亲密的关系，把粉丝和自己绑在了一起。而且，这个昵称还会让粉丝产生一种被保护、被宠爱的感觉，无形中提升了粉丝对薇娅的好感度与忠诚度。

李佳琦给粉丝起的昵称"所有女生"也是非常巧妙的。当李佳琦以标志性的高亢嗓音喊出"所有女生"时，常常会让人产生一种学生时代被点名的感觉，一瞬间就能抓住所有粉丝的注意力。而且，"女生"这个称呼总能给人一种非常年轻的感觉，试问哪个女人不想一辈子都被人称为"女生"呢？

在做化妆品直播时，不妨给粉丝起一个专属昵称（见图 1-5），这样既能拉近自己与粉丝之间的距离，又能成为一个特色标志，让人产生深刻印象。

主播：妮妮
身高：165cm
体重：48kg
尺寸：M

嗨!妮妮家的宝宝们好!

图1-5　给粉丝起一个专属昵称

实战演练

场景1
看到新进入直播间的粉丝，我们可以这样说：
"欢迎××宝宝进入直播间，欢迎××老铁来捧主播的场。"

场景2
在推介化妆品时，我们可以这样称呼粉丝：
"亲爱的们，我接下来要给你们推荐一款……这款产品性价比这么高，直播间的小仙女们，今天买到就是赚到!"

技巧点拨

技巧 1：注意粉丝特点，避免踩雷

化妆品的主力消费群体通常是女性，在做化妆品直播的时候，绝大部分的潜在目标客户也都是女性。因此，在给粉丝取昵称的时候，最好取一些比较可爱和女性化的昵称，不要踩女性的"雷区"，例如，"大姐""太太"这类涉及年龄的昵称就不太合适。

技巧 2：注意昵称背后的隐喻信息

在取昵称的时候，一定要注意昵称背后的隐喻信息，避免取一些容易引起误会或者引发不好联想的昵称，毕竟有些人的"脑洞"确实太大了。

技巧 3：把握昵称的尺度

在给粉丝取专属昵称时，主播除了要注意粉丝的性别，也要注意自己的性别。女性主播在给女性粉丝取昵称时，即使亲密一些也无伤大雅；但男性主播在给女性粉丝取昵称时，就一定要注意把握好昵称所反映的亲密程度。例如，薇娅可以称粉丝为"薇娅的女人"，但李佳琦就不可能称粉丝为"李佳琦的女人"，否则非常容易引起误会和反感。

07　新粉丝进入直播间时要主动打招呼

很多时候，我们对一个人产生好感或产生恶感往往只需要几秒钟，这几秒所产生的印象就是我们常说的第一印象。除了外貌、谈吐、举止、行为等，对方对我们展现出来的态度也是影响第一印象的重要因素（见图1-6）。

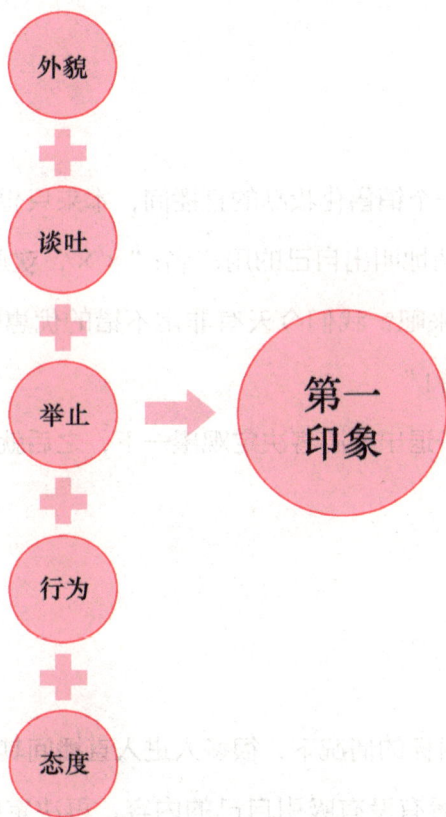

外貌

＋

谈吐

＋

举止 ➡ 第一印象

＋

行为

＋

态度

图1-6 影响第一印象的因素

人或多或少都会存在一种投桃报李的心理。例如，当一个人对我们展示好意的时候，我们通常也会对对方产生一定的好感；而当一个人对我们展示恶意的时候，我们也很难喜欢对方。

在做化妆品直播的时候，要想保证直播间的流量，并且更好地完成卖货任务，主播除了要能吸引新粉丝，更要能留住新粉丝。如何才能留住新粉丝呢？其中非常重要的一点就是要想办法给新粉丝留下一个良好的第一印象。

案例回放

某游客进入一个销售化妆品的直播间，本来只想随便看看，但她突然听到主播热情地叫出自己的用户名："××，欢迎来到 ×× 的直播间，是第一次来吧？我们今天有非常不错的优惠哦，可以关注一下。谢谢您的支持！"

原本已经准备退出的游客决定观望一下，之后就成了该直播间的潜在顾客。

解 析

在没有明确目标的情况下，很多人进入直播间其实就像打开电视一样，都是先看看有没有吸引自己的内容，再决定要不要"换台"。主播如果主动和进入直播间的人打招呼，往往非常容易获得新粉丝的好感，给对方留下良好的第一印象。

主播主动打招呼会让新粉丝产生被重视的感觉，进而产生一种补偿心理，即便原本打算立即退出，也会因此而留下来观望一下。只要能暂时把新粉丝留下，主播就有机会在接下来的时间里用产品或个人魅力征服新粉丝，把新粉丝发展成为老粉丝。

实战演练

场景1

在直播刚开始，看到有新粉丝进入时，我们可以这样打招呼：

"欢迎××（新粉丝用户名）来到××的直播间，欢迎欢迎！今天是第一次来吧？哇，宝宝的运气真的是非常好，我们今天有一个很棒的优惠，不容错过的惊喜……"

场景2

如果新粉丝的用户名比较有趣，我们可以进行一些善意的调侃：

"欢迎'爱吃肉肉'来到直播间！哎，我也爱吃肉肉，每顿饭都是无肉不欢，我们真是同道中人啊！我尤其喜欢吃炸肉丸，所以特别容易上火，一上火就满脸痘痘。不过，幸好我有它——锵锵锵锵——对了，就是这款，我们今天要介绍的祛痘产品……"

技巧点拨

技巧1：把新粉丝的用户名念出来

看到新粉丝进入直播间，主播主动打招呼的时候一定要念出用户名，不要笼统地用"欢迎新人"或"欢迎新粉"来招呼新粉丝。就好比你去参加一个聚会，别人对你说"欢迎新人"时和直接叫出你的名字时，你的感觉肯定是截然不同的。

技巧 2：调侃要注意尺度，不要随便对新粉丝开玩笑

善意的调侃不仅能活跃直播间的气氛，也能很快地拉近粉丝与主播之间的距离。但要注意的是，如果主播调侃的对象是新粉丝，那么一定要注意尺度，毕竟新粉丝对主播还比较陌生，一旦调侃超过安全尺度，就容易引起粉丝的反感。

例如，和用户名为"爱吃肉肉"的新粉丝打招呼时，主播可以调侃自己无肉不欢，以这一共同爱好来拉近彼此之间的距离。但如果调侃对方"爱吃肉肉"所以一定也"爱长肉肉"，那么即使主播本来没有恶意，也很可能会引起对方的反感。

08　抛出一个噱头，引起话题

人的情绪容易受环境的影响。例如，在逛商场的时候，如果突然看到某个专柜有许多顾客在疯抢商品，那么本来没有购物打算的人也会忍不住围观，甚至加入抢购队伍。

看直播也是如此。如果一个直播间冷冷清清，那么看直播的人也很难有热情。如果直播间热热闹闹，主播和粉丝的互动十分活跃，那么刚进入直播间的人的情绪很快就会被调动起来。

案例回放

某段时间韩剧很火，网上随处可见各种呼唤"欧巴"的声音。某化妆品主播专门策划了一场以韩妆为主题的直播，推介了一系列打造韩式妆容的化妆品。

主播说："各位宝宝们，现在最热门的韩剧是哪一部啊？当然是我最爱的《鬼神大人》啦！真的好羡慕韩剧里的女主角啊，可以和各种各样的优质欧巴谈恋爱……不过没关系，今天我们就来一起变身韩剧女主角，拥有吹弹可破的肌肤、饱满欲滴的红唇、慵懒性感的秀发……"

解　析

想要让直播间的气氛活跃起来，主播就要想办法激发粉丝们的热情。而要想激发粉丝的热情，开展良好的互动，最有效的办法之一就是抛出一个人人都能参与、都有兴趣参与的话题（见图1-7）。

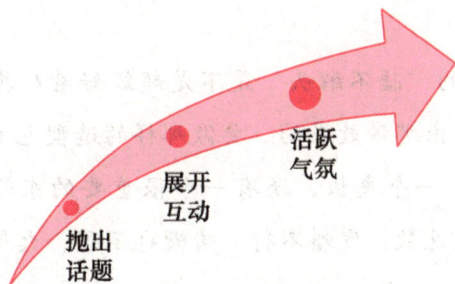

抛出
话题

展开
互动

活跃
气氛

图1-7　如何调动直播间气氛

案例中的主播以热播的韩剧为噱头来制造话题。我们知道，化妆品的主力消费群体是女性，而很多女性对韩剧都是比较关注的，她们对热播韩剧中的那些角色十分熟悉。因此，主播以此作为切入点非常容易引发粉丝的讨论。

为什么不直接介绍化妆品，非得去找什么噱头，讲什么韩剧呢？这是因为，人都有表达欲，当一个人发现某个话题是自己有所了解的，那么参与讨论的渴望就会强烈一些。案例中的主播讲韩剧以及女主角的妆容，这些都是粉丝可以参与讨论的话题。如果缺少这些铺垫，主播一上来就长篇大论地介绍这款化妆品的成分，那么粉丝会听得一头雾水，不知道如何参与话题的讨论，这样一来，直播间的气氛就很难调动起来了。

实战演练

场景1

如果推介的是发型造型类产品，我们可以适当"蹭热点"，这样说：

"最近大热的'睡不醒头'是不是超级好看？其实那不是烫出来的，烫是烫不出那种效果的。要做那样的造型也不难，你需要的是一个吹风机、一个夹板，还有一个很重要的东西——定型水！对，就是我手里这款，发蜡不行，啫喱也不行，太厚重了，做不出那种慵懒飘逸感……"

场景2

如果推介的产品主打纯天然、无添加，我们可以这样制造噱头：

"可以吃的唇蜜，听说过吗？就是我手里这款，纯天然、无添加，孕妇都可以放心用。这是可以直接入口的，我尝尝……嗯，有点甜，蜂蜜的味道，还蛮香的……"

技巧点拨

技巧 1：蹭热点

直播是一种一对多的互动方式，主播在制造话题的时候要考虑粉丝群体而非个体粉丝的兴趣点，因此，最保险的方式自然就是蹭热点。

热点意味着关注与流量，这也是做直播时最需要的东西。主播不妨多关注一下近期的热点，以此制造话题，这样既能更好地吸引粉丝，也能确保大多数粉丝都能参与话题讨论。产品在融入热点元素之后，也能更快地引起粉丝的关注。

技巧 2：制造噱头

制造噱头也是吸引粉丝关注、调动直播间氛围的有效手段之一。上面案例中的吃唇蜜其实就是一种制造噱头的方式。唇蜜不是食物，它本身是一种用于涂抹以保护嘴唇的化妆品，一般没有人会去吃它。主播吃唇蜜的举动无疑是比较出人意料的，这种举动很容易带给粉丝一种刺激感。主播的举动从侧面强化了这款产品纯天然、无添加的特性，从而让粉丝更加信服。可以说，这个噱头制造得非常成功。

第二章

完美介绍产品，
让粉丝欲罢不能

在做化妆品直播时，我们要想将产品销售出去，就必须向粉丝介绍产品，让粉丝对产品有一个深入的了解。在介绍产品时，我们需要介绍产品的功效、成分、品牌、价格等。只要说到粉丝的心坎上，满足粉丝的需求，就不愁产品卖不出去。

人不会无缘无故去买东西，有需求才有购买。我们要想将产品推荐给粉丝，就必须要知道粉丝想要什么或者粉丝应该要什么。

如果我们知道粉丝的需求，推荐产品时就能把话说到粉丝的心坎上，击中要害。如果我们知道粉丝应该要什么，就能帮助粉丝发现他们过去没有发现的问题，挖掘全新的需求，提升销量。

09　"宝贝们，你们是干皮还是油皮？"

任何产品，最适合的才是最好的，化妆品尤其如此。市面上的化妆品种类繁多，用途各不相同，即使是用途相似的化妆品，往往也有不同的效用。而每个人的肤质都是不同的，对化妆品的需求自然也有所不同（见图2-1）。

图2-1　选购化妆品时需要考虑的诸多问题

以洁面产品和乳液为例，通常都可以分为适合干性皮肤使用、适合油性皮肤使用和适合混合性皮肤使用等几类。除了肤质和肤色，还要考虑希望打造什么样的妆容、得到什么样的效果等，只有把该考虑的都考虑到了，才能买到适合自己的产品。

案例回放

某主播在推介一款面霜时，有些粉丝表达了购买意向。

主播："宝贝，你是干皮还是油皮？"

粉丝："油皮吧，平时出油蛮多的。"

主播："那这款真的不适合你，相信我，这款面霜太滋润了，你可以考虑一下今晚要推荐的另一款。"

粉丝："朋友推荐我买的，说补水效果很好，也不油。"

主播："那你的朋友一定是干皮，真的，宝贝，相信我，这款面霜真的不适合油皮！"

解析

赢得粉丝的信任是一个漫长的过程，但毁掉粉丝对我们的信任可能只需要一瞬间。因此，主播一定要对粉丝负责，对自己的言论负责，不能只想着卖货，其他都不管不顾。

化妆品和其他产品不同，一般都有比较强的针对性，一款不合适的化妆品带给消费者的体验必然是不好的。如果消费者因此对产品和主播产生误解，那么其所带来的损失是无法估量的。要知道，主播的卖货能力与粉丝对主播的信任是成正比的，一旦主播在粉丝中的信誉受损，失去粉丝的信任，那么主播的卖货能力一定会大打折扣。

因此，当粉丝对并不适合自己的产品产生兴趣时，主播一定要坚持自己的立场，不能为了卖货就动摇自己的立场，甚至做出错误的引导。

实战演练

场景1

在向粉丝推介护肤类产品时，我们可以这样说：

"这款护肤品是专门为油皮打造的，它非常水润，非常清爽，就算是夏天的时候用，也不会有任何油腻感。但是，干皮就不要买这款了，真的，这款实在太清爽了，满足不了干皮的需求……"

场景2

在向粉丝推介化妆类产品时，我们可以这样了解粉丝的需求：

"这款粉底液遮瑕效果是比较好的，可以盖掉你皮肤上大部分的瑕疵。它一共有11个色号，可以满足宝贝们的各种需求……至于色号选择，主要看宝贝你是什么肤色了，是比较白的，还是比较健康的……"

场景3

当粉丝执意购买不适合自己的产品时，我们可以这样劝导：

"天哪，你真的要这个色号吗？这个颜色真的很危险，除非你白到发光，白到毫无瑕疵，否则一定会发生'大型车祸现场'……宝贝你太有勇气了，真的，如果你执意要选择，我也没办法阻止你，但是，我还是想很负责任地说一句，真的、真的、真的不要选择它！"

技巧点拨

技巧1：介绍产品时一定要描述清楚适用人群

很多化妆品都是有特定的功能和用途的，在推介这些化妆品的时候，主播一定要描述清楚它们适用于哪些肤质或肤色的人，以免粉丝买到不适合自己的产品。

技巧2：询问粉丝个人情况时尽量使用中性词

主播在向粉丝推介合适的产品之前要先了解一下粉丝的皮肤状况。在这个过程中，主播要注意自己的用词，以免引起粉丝的不满。例如，在询问肤色时，最好不要直接说"黑"，而要用"健康色"或"小麦色"来描述。

技巧3：表达反对意见时要注意自己的措辞

很多时候，即使主播给出了自己的意见，粉丝也未必会采纳。面对这样的情况时，主播一方面要坚持自己的立场，另一方面要注意避免将情绪带入直播中。尤其是在表达反对意见的时候，一定要注意自己的措辞，不要使用具有攻击性的词汇。

10　边试用边介绍，说出自己的使用体验

相比于传统的网络购物，直播购物最大的优势就在于消费者可以通过主播对产品全方位的展示和使用示范，更直观、深入地了解产品。这比图片和文字介绍要生动得多，也比商家拍摄的广告宣传片要真实得多。

主播一定要利用好这一优势，从而更有效地激发粉丝的购买欲。主播推介产品时，最好一边试用一边介绍（见图2-2），并详细描述自己的使用体验，让粉丝直观地看到使用产品后的效果，这比任何精彩的广告词都要更管用。

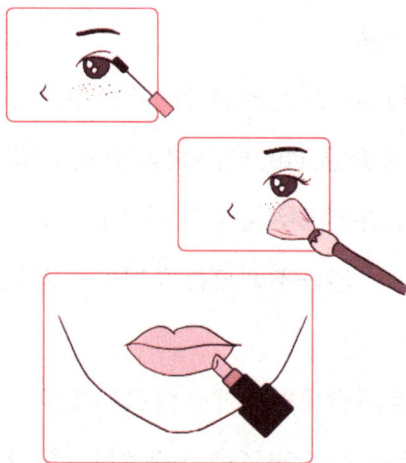

图2-2　边推荐边试用

案例回放

"卖货王"李佳琦在推介一款散粉时是这样说的：

"……什么叫比烟还要细的散粉——3、2、1——哇哦！烟雾缭绕！"说这句话的同时，李佳琦用手抖动粉扑，粉扑上的散粉飘散开，形成细腻的烟雾。

"它的粉质真的是细腻到爆炸，把它打开，完全不会飞粉。"李佳琦一边介绍，一边打开粉盒，在镜头面前反复展示。

"它的粉扑超级、超级厚，但很柔软，绒毛非常亲肤。"一边说着，李佳琦一边把粉扑放到镜头面前，让粉丝更清晰地看到粉扑的厚度和上面柔软的绒毛。

"我现在的皮肤有一点点出油，看——哇哦！完全不厚粉，定妆效果巨好，让你的皮肤像开了一层滤镜，油皮和干皮都可以用这个散粉！"介绍的同时，李佳琦先靠近镜头，展示了自己皮肤微微出油的状况，然后简单用粉扑上妆之后，再次靠近镜头，展示使用散粉之后的效果。

解 析

案例中的李佳琦在介绍产品的时候是非常有技巧的。首先，他抓住了散粉最重要的一个特点——细腻。那么，如何让粉丝感受到这款散粉究竟有多细腻呢？如果只用语言去描述，是很难让粉丝感同身受的，所以，李佳琦很聪明地用散粉制造出了烟雾的效果，十分生动形象地把散粉的细腻通过具体的画面展现了出来。

在介绍粉扑的时候，李佳琦同样是一边在镜头面前展示粉扑，一边用语言引导粉丝去关注粉扑的厚度和绒毛这两个细节，突出展示了粉扑的质感。

当然，化妆品最重要的还是使用效果，这也是粉丝最关心的一点。因此，李佳琦在最后亲自上阵，向粉丝展示了上妆前和上妆后的皮肤状况对比，让粉丝更直观地看到了这款散粉的功效。

实战演练

场景1

在推介护肤类产品时，我们可以这样说：

"这是我非常喜欢的一款护手霜，质地非常水润。在秋冬的时候，天气特别干燥，洗完手，皮肤上都会起白皮，把这个涂上去，你的手马上就会变得又白又嫩，摸上去非常舒服。而且，它的味道非常清淡，可以说是我用过的味道最淡的一款护手霜了。如果你也不喜欢那种特别香的味道，那么相信我，这款一定要入手！"

场景2

在推介洁面类产品时，我们可以这样说：

"每天卸妆真的很麻烦，但是，福利来了——铛铛铛铛！一款拥有卸妆功能的洁面乳！一支洁面乳就能包办卸妆、洗脸。那么，它的卸妆效果怎么样呢？我们可以来试试看，正好我今天化了妆，我们就用这支洁面乳来洗一下，就洗左脸好了，然后来做个对比……"

技巧点拨

技巧 1：展示产品时要营造画面感

主播最好采取一些比较有画面感的方式来展示产品的特点，这样能带给粉丝更直观的感受。例如，李佳琦用制造烟雾的方式来展示散粉的细腻，这就是一个很好的示范。如果主播只是告诉粉丝，这款散粉有多么细腻，它的颗粒小到只有多少纳米，那么粉丝其实是很难体验到这种细腻感的。

技巧 2：分享使用体验时要突出产品的特点

分享使用体验也是非常重要的，毕竟粉丝没有办法亲自去试用产品，所以只能根据主播的体验来决定究竟是否购买这款产品。

在分享使用体验的时候，主播可以设计一些小环节，以此突出产品的特点。例如，在推介卸妆类产品时，可以只卸一半脸，以此和另一半脸形成鲜明的对比，突出卸妆产品的功效。在推介化妆类产品时，可以同时在脸上使用不同的色号，让粉丝更清晰地看到不同色号的效果对比。

化妆品主播要想把产品卖出去，就要向粉丝展示产品的亮点。这里所说的亮点，既可以来自主播，也可以来自产品。前者是指主播的专业性，后者则指产品的优势。

11 分析化妆品成分，必须专业加靠谱

人们对化妆品的需求量很大，市场上的化妆品品牌五花八门，主打的功效也形形色色。人们在选择化妆品时变得越来越慎重，往往会细细研究化妆品的各项信息。这些信息主要分为三类——功效、成分和品牌（见图 2-3），其中，对成分的介绍最考验主播的能力。

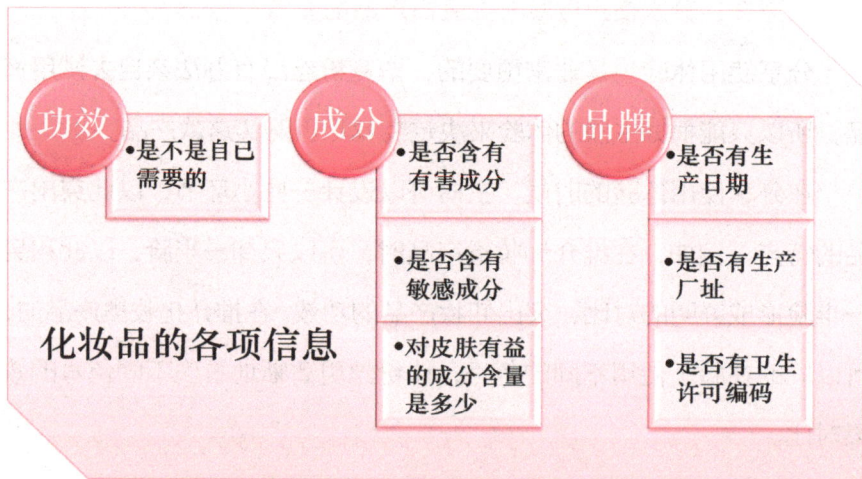

功效	成分	品牌
•是不是自己需要的	•是否含有有害成分	•是否有生产日期
	•是否含有敏感成分	•是否有生产厂址
化妆品的各项信息	•对皮肤有益的成分含量是多少	•是否有卫生许可编码

图2-3 化妆品的各项信息

案例回放

　　某主播在推介某品牌面霜时是这样介绍的："买护肤品，一定要买该品牌的高端系列，用一句话来说，它是一款真真正正的平价高级面霜。这款面霜内含这家品牌的当家抗老成分×××，这也是××大牌面霜的主打成分，外加××，××的含量越大就越能有效缓解皮肤衰老。同时，这款面霜的保湿能力也很不错。此外，这款面霜中还含有珍贵成分麦卢卡花蜜，它能改善我们肌肤的干燥状况，让你在冬天的时候皮肤也能水嫩嫩的……"

解　析

　　案例中的主播先点明了这款产品的品牌，指出了该产品为护肤品，接着又说明该产品的定位。这几个信息可以有效地帮助粉丝判断这款产品是不是自己需要的。在这之后，主播才开始详细地介绍产品的成分。

　　该主播并没有分析每一项成分，而是挑选其中最具价值的成分进行介绍。在介绍成分时，他采用了三种手法来体现成分的价值。第一种手法是对比，在介绍抗老成分时，特地说明大牌护肤品也含有这种成分；第二种手法是点明，点明护肤品中某成分的含量越大就越能缓解皮肤衰老；第三种手法是烘托，以"珍贵成分"这种说法来烘托产品的价值。

不难看出，该主播的介绍十分专业，因为她抓住了重点，她使用的三种手法与品牌自身的影响力能令粉丝不由自主地产生信任感。在接下来粉丝与主播互动的环节中，粉丝很可能会详细询问产品是否适合自己的皮肤使用，以及关于产品其他成分的问题。只要主播的表现足够专业，粉丝一定会毫不犹豫地下单。

实战演练

场景1

当推介的产品为美白产品时，我们可以这样说：

"这款产品的主要功效是美白，它的神奇之处在于，只要使用三天就能让你白一个色度。这是因为，这款产品含有天然美白成分……"

场景2

当推介的产品为BB霜时，我们可以这样说：

"这款BB霜能够打造奶油肌的妆感，它不含铅、汞等任何有害成分，它的成分××具有养肤、护肤功效……"

技巧点拨

技巧1：事前做好功课，了解化妆品成分

作为一名化妆品主播，对各类化妆品的认识必须要比粉丝深入。

我们可以从两个方面来了解化妆品，一是成分，二是各种成分的功效。当你能轻松讲出化妆品的各种成分及其功效时，粉丝才会对你产生信任感，才会产生购买的欲望。

技巧2：让粉丝觉得你靠谱

在做化妆品直播时，要想让粉丝觉得自己靠谱，主播一方面要专业地讲解产品成分，另一方面要详细地介绍产品品牌。

所谓专业，不仅指对产品成分了若指掌，也包含直播时能够采用适当的语言神态。主播神态放松而不慌乱，言语平缓而镇静，才能让粉丝感觉靠谱。

介绍产品品牌是指介绍品牌相关信息，具体包括：是否符合《中华人民共和国产品质量法》的规定，是否含有中文厂名、中文厂址、许可证号、产品标志、生产日期、中文产品说明书等。只有将这些信息展现给粉丝，粉丝才会放心。尤其是在推介一个新品牌或者知名度较低的品牌时，主播更需要通过详细介绍产品品牌来让粉丝放心。

12 "哇！它的效果真的看得见哦！"

化妆品主播需要考虑这样一个问题：粉丝购买化妆品的目的是什么？

很显然，是为了变美，是为了让岁月能够温柔地对待自己。粉丝购买化妆品时最大的期望就是获得变美的效果（见图2-4）。粉丝感到效果明显，才会去购买，不用别人推荐，也会成为该品牌的忠实顾客。

图2-4 看得见的"变美"效果

案例回放

化妆品直播并不是网络达人、购物平台主播的专利，很多明星也加入了化妆品直播的行列。明星粉丝众多、影响力大，其直播卖货的效果更为惊人。

某知名演员在自己的社交账号中以直播的方式推荐了一款淡化红血丝的产品，她是这么说的："我今天要推荐给大家的产品是 ×× 品牌的红皮肤缓和霜，它是专门修复红血丝的。因为拍戏的缘故，我的脸要打强光，时间一久，我的脸上就出现了大块的红血丝。用了很多方法，红血丝都压不下去。后来，我使用了这款产品。这款产品的效果明显，我用了两个星期，红血丝就压下去了，我的脸也没有感到任何不适……"

该明星在介绍完产品的功效后，特地将脸凑到镜头前，以便粉丝观看她使用后的效果。

解 析

化妆品的种类有很多，有的产品能在短时间内见到效果，有的则需要一个漫长的过程才能见到效果。主播在介绍产品时要考虑产品的效果是否与使用时间成正比，只有不夸大效果，不刻意缩短时间，才能令粉丝产生信任感。

案例中的明星在介绍产品时，并没有刻意吹捧产品的效果立马可见，而是讲述了自己在使用了一段时间之后的效果。就修复类产品而言，经过这样一段时间获得这样的效果是合理的。

实战演练

场景1

当推介的产品是口红时，我们可以这样说：

"如果你想要变白，又不想用其他化妆品，这只口红就能拯救你。肤色暗黄的小伙伴，这个色号的口红一涂上，看到没，立马白了两个色度……"主播自己涂上，向粉丝展示效果。

场景2

当推介的产品是眼霜时，我们可以这样说：

"今天要给大家推荐一款神奇的产品，就是这款眼霜，它有'眼纹小熨斗'之称。只要用上三天，你就会发现你眼角的细纹淡化了一圈，效果真的太明显了……"

技巧点拨

技巧1：主播带头用产品，粉丝更信任

化妆品主播要想顺利卖货，必须让粉丝在心中对自己产生信任感。如何让粉丝对我们产生信任感呢？非常简单有效的一个做法就是让粉丝知道我们也在使用正在推介的这款产品。

以新品牌的面膜为例，粉丝在初次听闻时，内心一定会质疑这款面膜的功效、成分、品牌等。倘若主播能够当着粉丝的面亲自使用，就能打消很多粉丝的疑虑；当主播介绍产品效果的时候，粉丝才会相信。

技巧2：根据产品说效果

主播能张嘴就说某款产品的效果有多么明显、多么神奇吗？当然不能，因为这样说很容易"翻车"。以祛痘印的产品为例，在使用一次后就说痘印不见了、变淡了，这显然是不合理的。哪怕当时可以令粉丝掏腰包，一旦粉丝使用后感觉不到神奇功效，主播就会被粉丝打上"骗子"的标签。

做化妆品直播时，效果肯定要说，但要根据产品来说。例如，口红的效果是立马可见的，主播在介绍口红时可以用"立马""立即"这些形容见效快的词。倘若推介的是修复类产品，主播就要斟酌一下产生效果的时间了。

13 谁都喜欢性价比高的产品

化妆品已经成了很多人的必需品，他们白天要用美妆类产品，晚上要用护肤类产品。倘若全部使用价格不菲的产品，这将是一笔很大的开销，长此以往也会令人吃不消。因此，性价比高的化妆品成了很多人的首选。

"性价比"是生活中常见的词，它是指产品的性能值与价格值之比。说到化妆品，判断其性价比要看哪些方面呢？具体如图2-5所示。

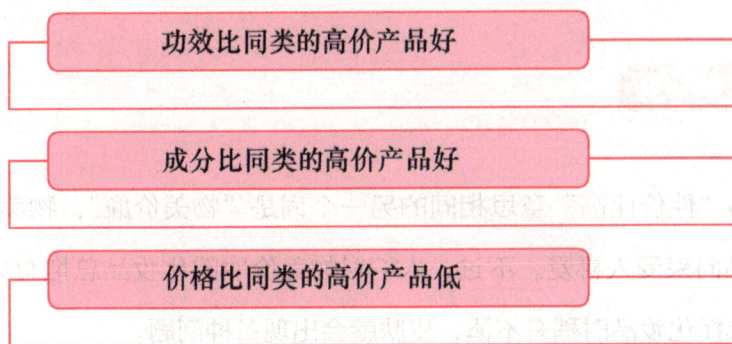

功效比同类的高价产品好

成分比同类的高价产品好

价格比同类的高价产品低

图2-5 什么是高性价比的化妆品

我们可以将产品的优势集中在性价比上，只要在粉丝心中打上一个"高性价比"的标签，就不愁产品卖不出去。

案例回放

某主播曾和自己的搭档在直播间里推介一款粉底液。

主播："这次我们来聊聊你们夏天最怕什么。我最怕太阳、蚊子。"

搭档："我是油皮，最怕脱妆。"

主播："对油皮来说，脱妆是最大的挑战了。不过没关系，这个夏天我送你们一个日不落。"

搭档："为什么叫日不落?"

主播："因为它是平价持妆'战斗机'。这款粉底液在这个价位能做成这样的品质已经很良心了，上妆很好推开，质地非常清透，还含有××养肤成分。这款产品的瓶身颜值也很高，用的是磨砂瓶身，商家还很贴心，特地区分了干皮和油皮……总体来说，它的性价比真的超级高。"

解　析

与"性价比高"意思相同的另一个词是"物美价廉"，物美价廉的产品向来受人喜爱。不过，人们对物美价廉的化妆品总抱有怀疑，因为选择化妆品时稍有不慎，皮肤就会出现各种问题。

让粉丝接受高性价比化妆品的诀窍就是专业地介绍产品功效、成分和价格。案例中的主播先介绍了产品的功能、质地、成分，然后介绍了外包装。最重要的是，她两次点明商家很有良心、很贴心，良心是指产品的性价比高，贴心是指商家针对不同肤质研发了两款产品。

这种手法有效地增强了粉丝对产品的好感。

实战演练

场景1

当推介的产品为防晒产品时，我们可以这样说：

"今天给大家推荐这款防晒产品，我先不说价格，我们先来说说它的功效。它的 SPF 值是 50+，PA 值有三个'+'，SPF 值越高，防晒性能就越高；而 PA 值的'+'越多，越能延长晒黑时间。这款防晒指数这么高的产品，价格低到你无法想象……"

场景2

当推介的产品为面霜时，我们可以这样说：

"这款面霜的价格很低，但是它的功效一点也不差，它含有人参……总体来说，这是一款真真正正的性价比极高的面霜。"

技巧点拨

技巧 1：介绍产品性价比高在哪里

化妆品的性能主要体现在功效、成分等方面，我们在介绍某款化妆品时，一定要多讲这些方面的信息。在介绍产品的功效时，可以用更多的言语去夸赞，前提是不夸大；在介绍产品的成分时，不必每一项都说，可以重点说产品中较有价值的成分；在介绍产品的外包装时，如果包装有亮点，可以简单提一句，如果没有就直接忽略。在介绍完产品的性能后，再亮出价格，这样一来，粉丝就能立即感受到产品的性价比之高。

技巧 2：给产品打上"高级"的标签

对化妆品很熟悉的人时常会在美妆交流平台或美妆博主的公众号、直播间里听到"贵妇级"这个词。

什么是"贵妇级"化妆品？简而言之，就是产品的价格非常高，功效非常好，成分也很有价值，使用者通常都是拥有一定经济实力的人。我们在做化妆品直播时，也可以给产品贴上"平价贵妇级""平价高端"这样突显性价比高的标签。例如，美妆主播李佳琦在推介性价比高的产品时，就会给产品贴上这样的标签。此外，将自己推介的产品与大牌产品对比，也可以突显产品的高级感，令人觉得性价比高。

销售人员在推销一件产品时，总会为产品找各种卖点。例如，销售一件衣服时，它的卖点可以是修身、显气质、显白等。同理，在做化妆品直播时，主播也要找到自己推介的产品的卖点是什么，只要卖点能戳中粉丝的痛点，订单就会源源不断。

14　使用它，为你的美丽加分

拥有美丽外表的人在生活、职场中能得到更多的便利，这是因为人们对美丽的事物总会多一分耐心、多一分好感、多一分宽容。

正因为化妆品能够为美丽加分，所以它成了很多人的必需品。在了解了人们对化妆品的追求之后，我们在做化妆品直播时，也可把美丽作为产品的卖点。

案例回放

某主播在推介一款洗浴产品时是这么说的："我接下来要介绍一款能令人瞬间变美的产品。在介绍这款产品前，我想问一问，直播间里有没有特别爱洗澡的女生？特别是那些身上有很多泥垢、油，角质层很厚的女生，是不是特别想将这些东西洗掉？你们的福音来喽！我推荐的就是这款柠檬味磨砂膏。这款产品我也在用，它含有精油成分，洗完之后，皮肤会很光滑，尤其是那些皮肤暗沉的女生，它能让你的皮肤变白，它的柠檬香味也会让你变得更有魅力哦……"

解析

爱美是人的天性，很多人对美的执念已经深入骨髓。很多人在观看化妆品直播时，只要听到"美"这个字，便会不自觉地留下来，看一看主播推介的是什么产品，这个产品到底有哪些功效（见图2-6）。

图2-6 "美"是化妆品最大的卖点

主播既然将"美"作为产品的卖点，就要毫不吝啬地说出产品带来的美丽有哪些。案例中的主播向粉丝介绍产品带来的"美"有三点，一是可以让皮肤变光滑，二是让皮肤变白，三是让身体能散发出香味，这些都能让粉丝心动。

此外，主播还有针对性地指出了皮肤存在问题的人群。观看直播的粉丝会暗中对照，当他们发现自己的皮肤存在这个问题后，会不由自主地渴望那份美丽，继而购买这款产品。

实战演练

场景1

当推介的产品为粉底液时，我们可以这样说：

"摸一摸自己的皮肤，是不是很粗糙？再照一照镜子，是不是发现自己的皮肤很暗黄？我这里有一款能让你们瞬间变美的产品，就是这款粉底液，它能够有效遮挡皮肤粗糙、提亮肤色，呈现出自然完美的裸妆妆感……"

场景2

当推介的产品为爽肤水时，我们可以这样说：

"一到秋冬季节，很多人的脸就干到起皮，根本没法上妆。我推荐的这款爽肤水，当天晚上用，隔天早上就能感受到皮肤的状态像是喝饱了水，上妆后立马成为小仙女。此外，它还有收敛毛孔的功效，让你的皮肤变得像鸡蛋一样光滑……"

技巧点拨

技巧1：制造反差感，突出产品效果

观众单单听主播介绍产品的效果，可能内心波动并不大。但是，

如果主播在介绍产品效果前，有针对性地指出皮肤的种种问题，观众就会对号入座。这个时候，主播再说产品的效果，就能获得会心一击的效果。前后的感受如此悬殊，其实就是因为反差感。

在介绍产品时，制造反差感往往能有效地突出产品效果，吸引观众的注意力。制造反差感的手法其实很简单：先点明产品"主治"的皮肤类型，然后介绍产品的效果。

技巧 2：用实例告诉粉丝美丽看得见

主播光用嘴说产品能使人变美是不行的，因为这并不能消除粉丝的疑虑。亮出实例是消除粉丝疑虑的利器之一。

我们在推介一款产品时，可以向粉丝讲述自己使用产品后获得的效果有哪些，也可以讲述他人使用产品后获得的效果。为了增强说服力，以他人为例时，最好选择有一定影响力的人，如明星等。

15　纯天然，为你的健康加分

化妆品是颜料，脸是画布，涂涂抹抹后，脸上的缺陷就不见了，就变得更加美丽了。可是，令人烦恼的是，有些人因为长期化妆，脸上皮肤的状况越来越糟糕。这是因为，很多化妆品都添加了香精、防腐剂等添加剂。长期使用之后，它们就会一点点地侵蚀皮肤。

正因如此，纯天然化妆品应运而生。所谓纯天然化妆品，是指化妆品中的成分都是有机植物提取物，不含任何对皮肤有害的人工添加剂（见图 2-7）。纯天然化妆品理所当然地受到了人们的青睐。

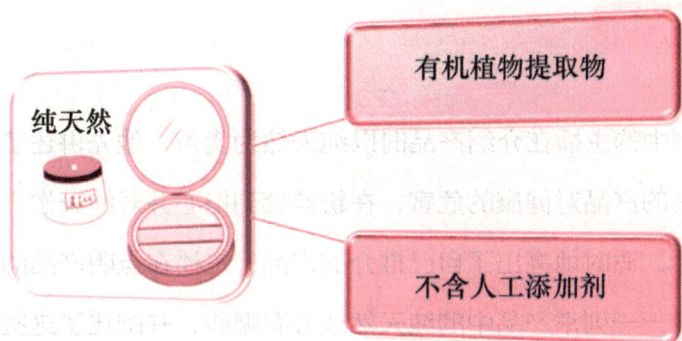

图2-7 纯天然化妆品的特点

我们在做化妆品直播卖货时，可以将纯天然作为产品的主要卖点。这个卖点既能为粉丝的健康加分，也能为我们的直播销售业绩加分。

案例回放

某主播在介绍一款染发剂时，是这么说的：

"现在这个社会竞争压力很大，越来越多的年轻人早生白发。那些需要长期染发的人都在担心染发剂是否会损害头发、长期使用是否会致癌等问题。我来告诉你，如果你使用的是纯天然染发剂，就不用担心，如果你使用的染发剂里含有大量的人工添加剂，那就不好说了。今天，我要向大家推荐一款纯天然染发剂。这款染发剂不含任何人工添加剂，它的主要成分是番石榴、咖啡、芦荟、槐蓝等天然植物提取物，番石榴有预防脱发的功效，咖啡能促进头发的生长，芦荟能滋润养护头发……"

解　析

　　案例中的主播在介绍产品时以纯天然为卖点。他先讲述了含有人工添加剂的产品对健康的危害，在粉丝感到担心并对纯天然产品产生渴望之际，适时地亮出了自己推介的产品。主播在点明产品的纯天然特色后，一一列举产品中的纯天然成分有哪些，并阐述了这些纯天然成分的作用，让粉丝十分动心。

实战演练

场景1

当推介的产品为指甲油时，我们可以这样说：

"我今天要推荐的是一款纯天然的指甲油，它不含任何有害物质，闻起来有股淡淡的草木香。事实上，它的主要成分就是草本植物提取物，如马铃薯、玉米、棉花、木浆……孕妇、小孩都可以放心使用。"

场景2

当推介的产品为唇膏时，我们可以这样说：

"唇膏是秋冬季节必备的产品，因为是涂在嘴上的，所以我们对它的安全要求很高。我今天要推荐的就是一款纯天然的唇膏，它是一支可以吃的唇膏哦！为什么这么说呢？因为它的成分都是可以吃的，如山茶油、蜂蜡、玫瑰、矿泉水……"

技巧点拨

技巧 1：点明产品成分的纯天然性

如果产品是纯天然的，我们可以将其作为卖点。如何证明产品是纯天然的呢？最直接的方法就是介绍并分析产品的纯天然成分和各个成分的功效。

技巧 2：用"特殊人群可用"来证明产品的健康性

每个人的肤质不同，有些人是油性皮肤，有些人是敏感性皮肤。其中，敏感性皮肤人群对化妆品的成分很挑剔，如果使用了含有人工添加剂的产品，就会出现过敏反应。因此，敏感性皮肤是纯天然化妆品的检测器。此外，孕妇、哺乳期妈妈等人群也对纯天然产品有高要求。想要强调产品纯天然、健康时，不妨用"特殊人群可用"来证明。

技巧 3：用"产品可以吃"来证明产品的纯天然性

真正纯天然的化妆品，其成分都是有机植物的提取物，而这些成分都是可以吃的。因此，产品是否可以吃有时候也可以成为检验化妆品是否纯天然的标准之一。

16　好上妆、不脱妆，为你的优雅加分

优雅的妆容是精致而清淡的，透露着自然感。画这样的妆容其实和画其他类型的妆容本质上并无差别，都需要打底、遮瑕、画眼妆和眉妆、定妆等。不过，如果使用的化妆品不好上妆、容易脱妆，那么

优雅就成了浮云。

因此，好上妆、不脱妆成了人们对化妆品的硬性要求，它们成了彩妆类化妆品的两大卖点（见图2-8），自然也就成了化妆品主播口中的热词。

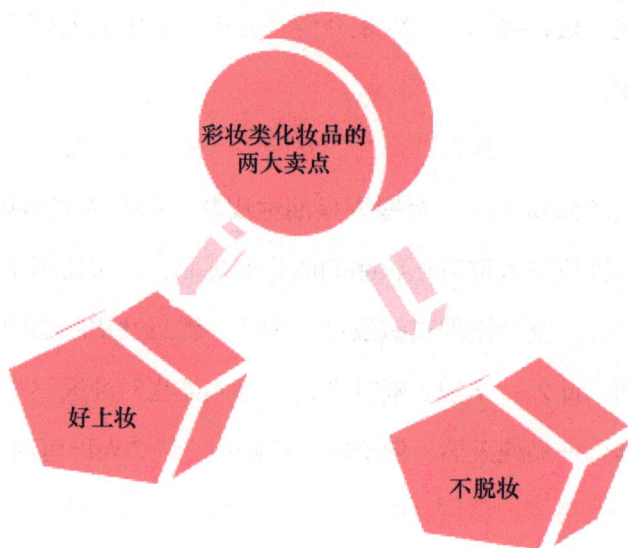

彩妆类化妆品的
两大卖点

好上妆

不脱妆

图2-8　彩妆类化妆品的两大卖点

案例回放

粉底液是最不可缺少的彩妆类化妆品，也直接决定了妆容的效果。某主播曾这样介绍一款粉底液：

"一到夏天，我们的皮肤就会出油，再优雅的妆容都糊成了一团。所以，在夏天真的很需要一款轻薄又持久的粉底液。今天，我给大家推荐的是一款夏日持久定妆的粉底液，它是××品牌的明星产品。

这款粉底液的延展性非常好，特别好上妆。因为粉底液里含有超强的显色微粒，所以上完妆之后仿佛磨过皮，非常自然。而且，它还抗油抗汗，能够持妆一整天，就算是和朋友吃火锅、游泳，也不用担心妆容会花……"

解 析

化妆品能够让人变得美丽，但有时候也会制造"车祸现场"。例如，化妆品不防水，一场雨就会使脸变成调色盘。再如，夏天使用的化妆品没有定妆效果，稍微出点汗和油，妆容就会变得脏兮兮的。案例中的主播在介绍产品时，将好上妆、不脱妆作为产品的卖点。在直播的开头，她先讲述了夏天油性皮肤脱妆的烦恼，这能引起粉丝的共鸣。在介绍产品时，她以"延展性好""磨皮""抗油抗汗""持妆一整天"等词语来凸显产品好上妆、不脱妆的优点。此外，为了证明产品的优点，她还引出了吃火锅、游泳等真实情景。

实战演练

场景1

当推介的产品适合干性皮肤使用时，我们可以这样说：

"很多朋友的皮肤很干，就像一块干旱了多年的田，每次上妆时，就会出现起皮、浮粉的现象，令妆容看上去很糟糕。我今天推荐给大家的产品是超级补水的面膜，它简直就是干皮的救星。晚上敷上一片，隔天皮肤就变得水润、好上妆，一整天都不会脱妆。这款面膜含有……"

场景2

当推介的产品适合油性皮肤使用时，我们可以这样说：

"我今天推荐的这款气垫有'油皮亲妈'的美誉，它质地轻薄，遮瑕力很强。哪怕是在太阳底下暴晒数个小时，也不会出现脱妆、卡粉的现象……"

技巧点拨

技巧1：说干货，推产品

化妆品就像颜料，而我们的脸就像纸。不同的纸对颜料的吸收、呈现效果都不相同。同理，不同的肤质对化妆品的吸收程度、上妆后的效果也都不同。例如，同一款BB霜，有人用了很贴合，有人用了却会浮粉。我们在做直播时，可以先说一些与产品相关的知识，然后再推介产品。

以干性皮肤为例，我们可以先说一说干性皮肤上妆时会出现浮粉、起皮的现象，说一说不好上妆、容易脱妆的具体原因是什么，完了再推介产品。接下来，我们要围绕产品好上妆、不脱妆的优点，从产品的质地、成分、功效等方面来推介产品。

整个流程走下来，粉丝会觉得主播很专业，并对主播产生信任感，产品自然而然就卖出去了。

技巧 2：用真实情景来证明产品好上妆、不脱妆

有一句歌词是"暴雨天，照逛街，偷笑别人花了脸"，雨水会令妆容花掉。其实，除了水，汗、油也能轻而易举地破坏妆容。因此，对爱化妆的人来说，下雨天、吃火锅、运动等场景简直就是噩梦。能够在这类场景中不脱妆的化妆品是很多人渴求的。我们在做化妆品直播时，可以用这些真实情景来证明产品好上妆、不脱妆。不过有一个前提，那就是产品真的具有这些功效。

第三章

刺激需求，
引爆粉丝的购买欲望

我们购买一件产品是因为对它有切实的需求。不过，有时候，我们在看到不是不太需要的产品很实惠、效果非常好时，还是会忍不住购买，这是因为我们的需求受到了刺激。在做化妆品直播时，我们也可以刺激粉丝的需求，引爆粉丝的购买欲望。

做化妆品直播卖货，其实就相当于集美容顾问、化妆品导购、购物主持人为一身。要想把产品销售出去，主播不仅要具备一定的专业知识，还要懂得将语言和人性结合起来，在互动中戳中粉丝的兴奋点，刺激粉丝的主观需求，从而引发消费行为。

17 提出一个问题，直接告诉粉丝"你需要"

随着生活水平和收入水平的提高，我们的日常消费已经逐渐从主动消费转向被动消费。那么，什么是主动消费，什么是被动消费呢？

主动消费和被动消费的区别在于是否有明确需求、受什么因素驱动，具体如图 3-1 所示。

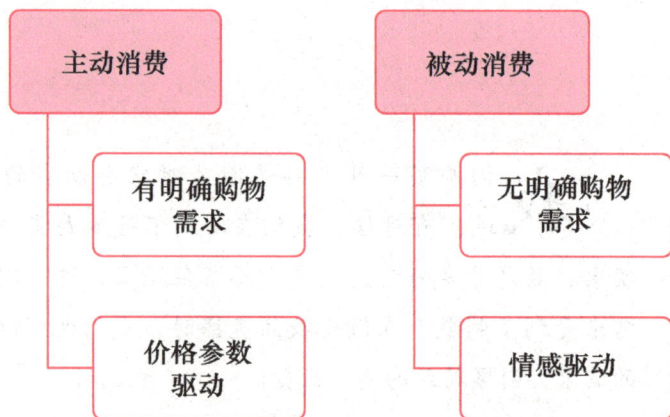

图3-1　主动消费与被动消费

举个例子，面霜用完了，我们需要买一款面霜。有了需求，进而产生消费行为，这就是主动消费。有一款眼影颜色非常漂亮，这款口红居然在打折，这款水乳听说用起来效果很好……因为种种理由，基于不那么迫切和明确的需求产生的消费行为就是被动消费。

我们做化妆品直播卖货，其实就是要刺激粉丝对我们所推介的化妆品产生需求，从而引导粉丝进行被动消费。那么，如何刺激粉丝产生需求呢？最简单的方法就是提出一个大众化的问题，告诉粉丝"你需要"。

案例回放

秋冬季节带来的一大困扰就是干燥，某美妆博主在一次直播中推介保湿面霜时，是这样铺垫的：

"我平时生活工作在北京，大家都知道，对吧？北京的天气经常会被大家贴上一个标签——干燥。没错，现在天气就是这样。北京很干燥，一出门风又非常大。风一吹，你皮肤上的水分会被瞬间带走，皮肤会变得无比干燥。就算不出门在家待着——我真的是要夸一下我家的地暖啊，真的是暖到不行，也干到不行……"

解　析

案例中的主播提到的天气干燥、出门风大、取暖设备降低空气湿度都是秋冬季节普遍存在的问题，很容易引起粉丝的共鸣。这段话看似只是主播有感而发，随意聊一聊，但实际上，其指向性却是非常明确的，那就是皮肤的干燥问题。

当粉丝产生共鸣，把注意力都集中到这个共同的烦恼上时，主播自然就能顺势将解决干燥问题的保湿产品引出来了。

实战演练

场景1

当推介的产品为护足霜时，我们可以这样做铺垫：

"头发 OK，妆容 OK，服装 OK，只有一个问题，太难了，那就是——我的脚！尤其是后跟，根本不能穿那种美美的露脚后跟的凉鞋！就这个开裂、白皮……真是太难看啦……"

场景2

当推介的产品为防水化妆品时，我们可以这样做铺垫：

"今天真的是倒霉透了，好不容易化好妆，出门就下雨，然后直接脱妆……"

场景3

当推介的产品为口红时，我们可以这样做铺垫：

"早上起来，气色不好，上班时间又快到了，在这种情况下，如果只来得及上一个妆，那首选当然是口红……"

技巧点拨

主播在提出问题时，需要注意两个技巧，即构建场景和点出需求（见图3-2）。

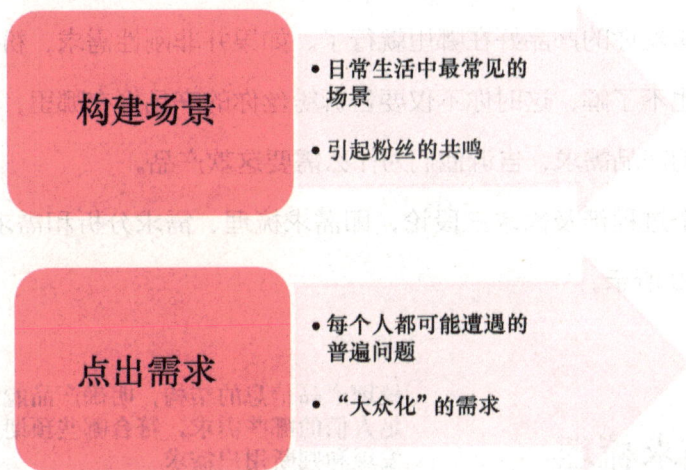

构建场景
- 日常生活中最常见的场景
- 引起粉丝的共鸣

点出需求
- 每个人都可能遭遇的普遍问题
- "大众化"的需求

图3-2　刺激粉丝需求的技巧

技巧1：构建一个最常见的场景

围绕产品用途，构建一个日常生活中常见的、每个人都可能遇到的场景是最容易引起粉丝共鸣的一种方式，也是提高粉丝活跃度、让粉丝积极参与话题讨论的一个有效方法。

技巧2：点出一个大众化的需求

主播可以在场景中设置一个最平常、最普遍的问题，从而引发粉丝需求。例如，脚后跟开裂导致穿露脚后跟的鞋子不好看、下雨导致脱妆、早晨起床晚来不及化妆等都是很多人都经历过的状况。提出问题之后就要解决问题，解决问题的方法正是引导粉丝产生需求的关键。

18　扩大问题，放大粉丝对产品的需求

决定产品销量最重要的因素便是需求。如果是刚性需求，你只需要告诉粉丝你的产品好在哪里就行了。如果并非刚性需求，粉丝对你的产品也不了解，这时你不仅要告诉粉丝你的产品好在哪里，还要定义合理的产品需求，告诉他们为什么需要这款产品。

这个过程涉及需求三段论，即需求梳理、需求分析和需求放大，如图 3-3 所示。

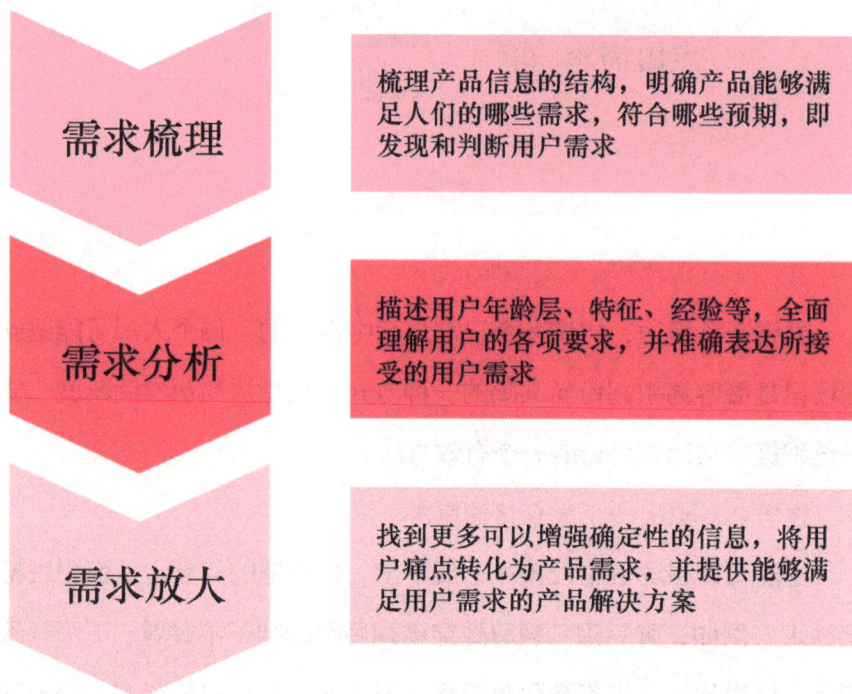

需求梳理	梳理产品信息的结构，明确产品能够满足人们的哪些需求，符合哪些预期，即发现和判断用户需求
需求分析	描述用户年龄层、特征、经验等，全面理解用户的各项要求，并准确表达所接受的用户需求
需求放大	找到更多可以增强确定性的信息，将用户痛点转化为产品需求，并提供能够满足用户需求的产品解决方案

图3-3　需求三段论

化妆品主播不仅要梳理并正确分析粉丝需求，还要学会放大粉丝的需求，即挖掘粉丝的隐性需求，让粉丝意识到问题的严重性，例如，不解决这个问题将会出现什么样的让人痛苦的场景。在这种情况下，粉丝对产品的需求就会增强，其购买欲望才会被激发出来。

案例回放

在推介一款精华露时，美妆博主艾琳如此开场：

"90后的我即将'奔三'，每天离不开的一款护肤品就是××精华。以前我的皮肤还是不错的，每天只用水乳抹一抹，保湿补水就OK，皮肤白嫩，水水灵灵。可是，这一两年皮肤却变得越来越差，粗糙暗黄不说，斑点和小细纹都出现了，参加同学聚会被比成渣，再也不敢素面朝天到处撒野了……幸亏××精华液拯救了我。"

"有的小仙女可能会说，我还年轻，我的皮肤很好，不需要特别护理。我承认，年轻是女人的资本，但是女人一过25岁，脸上的胶原蛋白就会悄悄流失。5年后，10年后，20年后……你的皮肤还会像现在这么好吗？曾经的校花变笑话，想想就抓狂，有没有？女人护肤要趁早，早早将肌肤最好的状态留住。等真出现问题你再护理，那时候就只能算是修理了。"

解　析

　　大多数女性恐怕都会承认，她们最害怕的一件事就是衰老。案例中的主播开场就提出女性朋友最关注的痛点，之后结合个人经历进行阐述，不失为一个有效的策略，不仅能迅速拉近自己与粉丝的距离，而且能在瞬间抓住大家的注意力。主播还通过情境描述引导粉丝想象自己衰老后的样子，当众人意识到及早护肤的重要性之后，对护肤这件事情就会变得更加积极，进而对主播推介的精华液产生兴趣和需求。

实战演练

场景1

　　在推介彩妆系列产品时，我们可以这样阐述：

　　"这个世界看什么？看脸。女生一定要坚持化妆后再出门，因为你不知道何时会遇到自己的真命天子。如果等遇见真命天子再开始学化妆、想变美，可就来不及啦！"

场景2

　　在推介面霜时，我们可以这样开场：

　　"选择一款适合自己的面霜非常关键，如果你把自己的脸当成试验田，不但很烧钱，还会伤皮肤，使脸部成为细菌滋生的温床，导致肌肤毛孔堵塞，从而形成脂肪粒。"

技巧点拨

技巧 1：扩大不等于夸张

虽然我们要扩大粉丝对产品的需求，但不能采用过于夸张的表述，否则就会使宣传与实际不符，进而导致粉丝对产品的真实效用产生错误联想。我们要关注粉丝的深层需求，采用严谨的策略，通过充分展现产品赋予粉丝的价值，使粉丝对产品建立认知和认同。

技巧 2：利用权威加码

我们在论证某一产品的价值时，要以产品体验者的身份进行分享，这是获取粉丝信任的一种策略。不过，只靠自身体验往往不够，还要适当地使用一些权威资料。例如，我们可以提供产品资质证明和检测报告，引用名人使用感受等，以此提升粉丝对产品的好感度和信任度。

19　描述细节，用细节征服粉丝的心

所谓细节描述，就是抓住产品细微而具体的典型特点，进行生动而细致的描述。

例如，介绍同一款面膜时，有两种不同的说法。

"这款面霜质地清爽，保湿效果超级好。"

"这款面霜号称是水做的，质地像羽毛一样轻薄，上脸有一种高级的丝绒感。"

哪一种说法更吸引人？显然是后者。

成功的细节描述能让粉丝产生深刻的印象，描述得越细致，获得消费者认可的可能性就越高。说到底，这就是形象记忆和抽象记忆的差异（见图 3-4）。

一切营销活动最终都要作用于消费者的大脑，因为只有大脑才具备这样的能力：记忆品牌属性，进而激发人的购买欲。围绕着产品卖点进行细致的描述，将独特的产品形象植入消费者的大脑，当消费者需要某个品类的产品时，立即就能想到这个品牌，这样才算是真正建立了品牌。

营销不是卖更好而是卖不同，成功的关键在于聚焦细节，强调自身的与众不同。

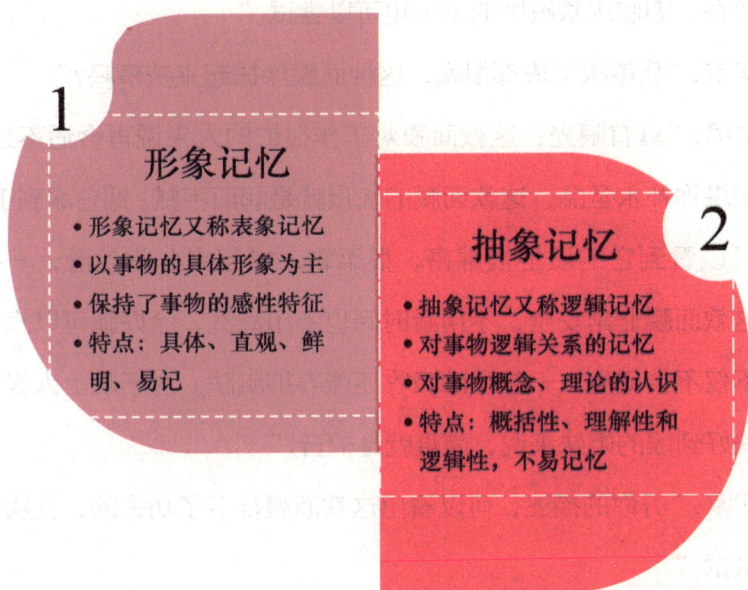

图3-4　形象记忆和抽象记忆

案例回放

　　某主播主推××涂抹式面膜，曾创造了直播 10 分钟成交 100 万元的战绩。她是秘诀是什么？

　　买家："你家这款面膜怎么样？"

　　主播："这位宝宝真有眼光！这是今年推出的新品，很受姐妹们的喜爱哦。通过包装外部的成分列表，我们可以看到它的原料包含牛油果，牛油果富含甘油酸、蛋白质及维生素，能有效滋润保湿肌肤。现在我们打开包装，哇哦，这种浅绿色特别好看，让人感觉好舒服，简直美哭我。还能闻到一股清香，不是香料的那种香味，是很淡很淡的蔬果清香，即使皮肤敏感的宝宝也可以尝试。"

买家："我每次下班都很晚，这种面膜涂抹起来费事吗？"

主播："真有眼光，这款面膜对工作很忙的人来说再合适不过了。牛油果堪称补水圣品，这款面膜的优点就是润而不腻。把它涂到手上，我们可以看到它的质地很绵密、很柔软，摸起来非常丝滑，一推即开。这款面膜非常安全，不用看时间也不用清洗，涂好就可以直接睡觉，不仅不会闷痘，一整夜的吸收还能养护肌肤。对于晚上太累又想让皮肤好到爆的姐妹来说，简直就是福音。"

买家："听你的描述，可以看出这款面膜是下了功夫的，我决定买一盒试试。"

解 析

案例中的主播的高明之处在于她没有一味地阐述产品有多好，而是更多地描述产品的特性、使用场景，从颜色、味道、质地等方面介绍了细节。这种细节描述能给粉丝带来更直观的使用感受，使人产生一种身临其境的代入感，加深对产品的了解，进而对主播产生信任感，积极成交。

一个品牌无论多么优秀，都是一个抽象的词汇或者符号，只有把它具体化，赋予其生动直观的形象，它才能真正地活起来，人们才会对它产生认可、喜欢、信赖等情感。对产品进行细节描述正是建立品牌与目标客户之间情感联系的桥梁。

实战演练

场景1
在推介化妆水时，我们可以这样说： "表面有一层肉眼可见的薄薄的精油，闻起来气味芳香而馥郁，有着属于春天的惬意。仅从感观来说，这就是非常讨人喜欢的一款化妆水。"

场景2
在推介祛痘凝胶时，我们可以这样说： "这款产品呈凝胶状，质地晶莹透明，用棉签取一点涂到痘痘上，顿时有一种清清凉凉的感觉，完全不痒了。"

技巧点拨

技巧 1：使用具备通感特征的词汇

在细节描述中使用具备通感特征的词汇，将视觉、嗅觉、触觉等不同感觉融合，可以快速触发粉丝的感觉、直觉转移，在不知不觉间增强粉丝对产品的印象，这也是较为常见的细节描述方法。

常用的具备通感特征的词汇如下。

视觉类：浓稠露状质地、莹润透明、色彩饱满、泡沫丰富等。

嗅觉类：芳香持久、清香淡雅等。

触觉类：柔滑细腻、触感顺滑等。

结合产品的实际情况，将这些词汇进行组合，着重体现产品的某个特点，一段诱人的产品描述就出来了。

技巧 2：提及特殊原料或成分

提及产品的特殊原料或成分，并进行细致而深入的描绘，例如，维生素 C 乙基醚可以唤醒肌肤活力，回复肌肤青春光彩。这些特殊原料是产品推介中常用的噱头，能在无形中增加产品的魅力和高级感，迅速提升粉丝对产品价值的关注。

20　强调化妆品的附加值

附加值是更高层次的卖点，可以让粉丝更满意、更忠诚于我们推介的产品。

我们销售的产品，除了产品自身的价值，还有一些附加的价值（见图 3-5）。例如，你购买了一套房子，房子本来很普通，但是如果它距离你的公司很近。那么这套房子对你来说就有了"上班方便"的附加值。增加产品的附加值，产品才有溢价的空间。

产品价值往往决定了产品价格的高低。与此同时，附加值高低与利润高低成正比关系。上门美妆服务、免费肤质测试、化妆技巧教学、终身维护等附加价值都可以用数字来表示，想办法在计算粉丝最终投入和回报时加入这些附加值，也就变相地让粉丝感觉到了"值"。

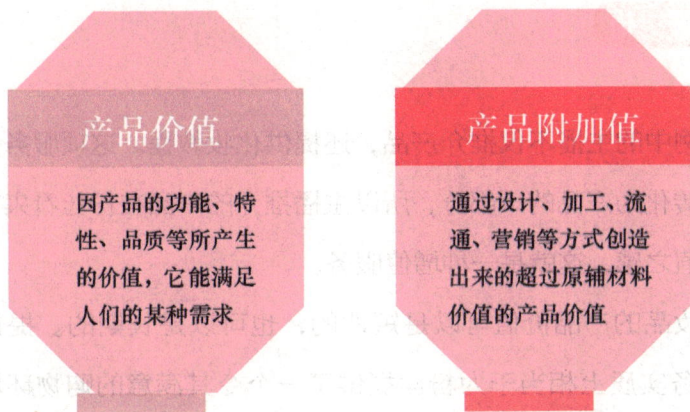

图3-5 产品价值和产品附加值

案例回放

和许多带妆上镜的女主播不同，萌兔兔每次都是素颜出镜。作为一名护肤美妆主播，她在展示各类化妆品的同时，还会耐心地手把手教大家如何化妆。

"用错误的方法化妆，再贵的产品也不管用。化妆的第一步就是化底妆，底妆具有定妆作用，能让妆容保持得更久。选择粉底液时，要尽可能选择跟自己肤色接近的颜色，这样会看起来更自然。"

"画眉毛时，用眉笔先轻轻画一个轮廓出来，一定要注意眉头轻一点，中间可以适当画重一点，然后拿眉刷沾取眉粉把眉形勾勒出来就可以了。千万不能画得太重，太重的眉毛会拉低气质，还很难看。"

从基础护肤到最后一步，短短几分钟，萌兔兔就完成了从素颜到完美妆容的转变。

解 析

　　案例中的主播不仅推介产品，还提供化妆教程。这项服务是免费的，会转化为产品的一部分，所以主播推介的产品在粉丝看来有一种物超所值之感，这就是一种增值服务。

　　化妆品的产品价值可以是短期的，也可以是长期的。提供化妆教程服务实质上相当于为粉丝提供了一个令其满意的购物环境，让粉丝联想到通过直播间下单不仅可以买到优质的产品，还能享受超值的美容服务，更多从价值角度而非价格角度去认识产品，进而保持长期忠诚。

实战演练

场景1

　　在推介补水液时，我们可以这样提醒粉丝：

　　"这款补水液携带方便，放在包包里面或者办公室，随时随地喷一喷，给肌肤喝饱水。以我的经验，补水液喷完后一定要轻拍吸收，不要让水珠自然风干，否则不仅起不到保湿的作用，还会带走皮肤原本的水分。"

场景2

　　在推介防晒霜时，我们可以这样说：

　　"眼瞅着天气越来越热，防晒霜终于迎来了主场。究竟选择哪款防晒霜呢？相信不少人已经挑花了眼。我精心挑选了三款产品，现在推荐给大家，仙女们可以根据自身的肤质自行挑选。"

技巧点拨

技巧：通过提供附加值让粉丝保持忠诚

附加值的提升途径如图3-6所示，这些途径可让主播获得相对于其他同类主播的领先优势，让产品更能经得起市场的考验，从而赢得更多粉丝的支持。

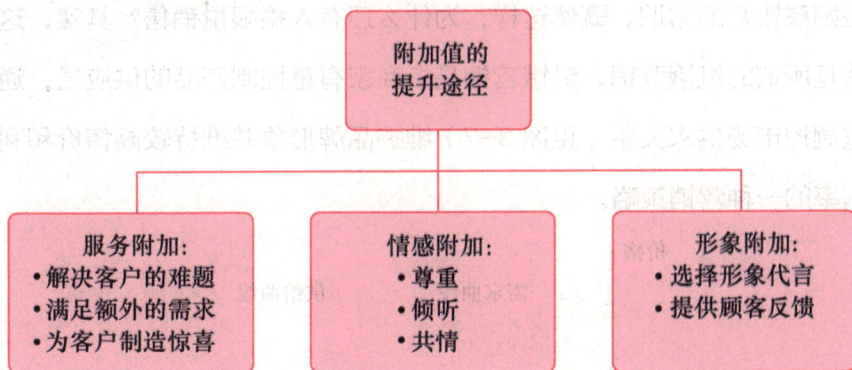

图3-6 附加值的提升途径

提供附加值是为了维护主播与粉丝的良好关系，主播要让粉丝切实感受到自己的真诚、尊重和关心，切不可为了卖货做出任何欺骗或不道德的行为，损害粉丝的利益。

21 "只有1000套！"——限量刺激

2016年10月中旬，圣罗兰（YSL）新品——星辰唇膏一经推出，火速刷爆各大社交媒体。一支口红为何会引起如此轰动？因为这是YSL针对圣诞节推出的限量版口红，全球200支，重点就在于"限量"这个词。

所有商家都希望产品卖得越多越好，毕竟卖得多才能赚得多，这是妇孺皆知的常识。既然这样，为什么还有人搞限量销售？其实，这就是所谓的饥饿营销。饥饿营销是指商家有意控制产品的供应量，通过调控市场供求关系（见图3-7）维护品牌形象并维持较高售价和利润率的一种营销策略。

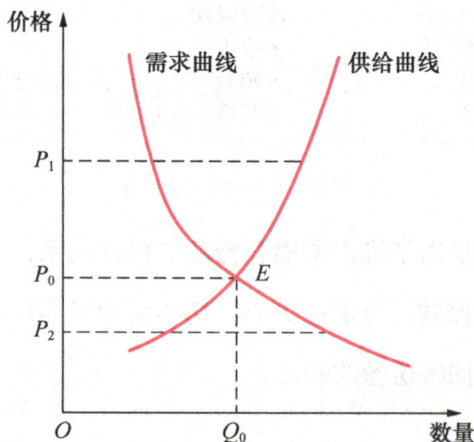

图3-7 价格与供求关系双向制约

在做化妆品直播时，主播不必一味搞打折促销，不妨适当地运用一下饥饿营销。"只有 1000 套！手慢无"这种说法可以制造出一种供不应求的紧张状态，让粉丝们产生"饥饿感"，进而激发其购物欲望。

案例回放

女主播 Today 在推介一款唇釉时是这样说的：

"今天我要给大家推荐一款唇釉！限量 500 支！这些年我已经被它掏空了钱包，但还是忍不住买买买！这款唇釉的特别之处就在于独特的质地，它有着牛奶巧克力一般的质感，丝滑得不可思议。这些年虽然一直被别家模仿，但没有哪家可以做到一模一样。之前我还托人代购，一直没有买到！这次居然上新了！仅有 500 支，手慢无！"

"更令人惊喜的是，这次新出的黑管还有刻字活动，你可以定制自己的专属唇釉！这是一支独一无二的唇釉，它能让你成为独一无二的女神。500 位女神，速来！"

解 析

案例中的主播运用了饥饿营销的手法，再三强调"限量 500 支"，营造出了"现在不买就买不到"的气氛，这可以有效突出这款唇釉的稀缺性，提升产品的档次和身价。主播还通过强调免费刻字活动，赋予了该产品独特的设计价值和特别的纪念意义。

随着消费水平的提高，许多消费者已经不再满足拥有大家都有的东西，终极的限量版产品就是定制产品。定制产品不仅限量而且独享，这种独一无二的专属感恰好满足了消费者追求个性化的心理需求。

实战演练

场景1

在推介面膜时，我们可以这样说：

"世界杯正在如火如荼地进行，这款面膜以8支热门球队的国旗为原型，巧妙地融入了世界杯元素，让你在补水护肤的同时为自己钟爱的球队加油助阵。"

场景2

在推介护肤系列产品时，我们可以这样说：

"作为美妆界资深优等生，××每年春节都会推出限量回馈礼盒，今年这款护肤系列产品包装上有金鸟呈祥图，非常符合春节的喜庆气氛。限量版，全国仅有1000套，非常值得入手，千万不要错过！"

技巧点拨

技巧1：量力而行

限量销售并不适于所有产品。良好的品牌信誉、可靠的产品质量和不可替代的优势是开展饥饿营销的前提条件。如果产品美誉度不够、质量不可靠，又与其他产品大同小异，却自不量力地以限量进行炒作，那么注定会徒劳无功，甚至会引发粉丝的不满和反感。

技巧2：适时适度

饥饿营销多数都是短期行为，一旦玩过头，令粉丝期望越大失望越大，那么粉丝很可能会转身离去。因此，运用饥饿营销时一定要把握好尺度，做得恰到好处，正如吃饭时讲究"三分饿七分饱"。

22　"'双十一'当天，超低折扣！"——限时刺激

运用饥饿营销时，不仅可以强调数量的稀缺，也可以强调时间的有限性。很多人应该都参加过秒杀活动，这类活动往往可以为产品快速积累销量。比起拼团、砍价、特价等活动，秒杀的不同之处就在于有时间限制。

人大多都是有惰性的，在消费方面也是如此。一旦对时间进行限制，就能制造一种紧迫感，营造出抢购的氛围。尤其是对那些犹豫不决的粉丝来说，限时具有十分微妙的刺激作用。

案例回放

主播艾侬侬在推介某款气垫时是这样说的：

"准备好了吗？女王节大战！这次我要给大家推荐一款超级好用

的气垫，这款气垫算是业界的佼佼者。精油做基底，质地十分丝滑，如水一般湿润，上脸之后有好看的光泽感。熟悉这款产品的宝宝们应该知道，平时市场价七八百元。这次女王节特价 580 元，天哪！超低的优惠价，以美丽的价格买到好用的产品，真的超值！仅限女王节一天，今天能抢到的小伙伴都是无比幸运的，提前恭喜你们啦！"

解　析

在限定购买时间的场景下，像"'双十一'当天，年度超低折扣，错过就要等一年""优惠活动仅限一天！赶紧剁手"这种话一定是要反复说的。同样的东西，现在花更少的钱就能买到了，粉丝一定会有一种占到便宜的感觉。

限时营销尤其适用于特殊节日，如情人节、圣诞节、妇女节、品牌诞生日等。如果你推荐的产品确实质量可靠、口碑不错，很容易就会出现粉丝蜂拥抢购的场景。

实战演练

场景1

在参与某品牌周年庆活动时，我们可以这样促销：

"××周年庆大福利，9:00-10:00，限时半价，时只有一个小时间；15:00—16:00，20000件好货7.5折；20:00—21:00，千万大额券折上折。仅限×月××日一天，下手一定要快、狠、准！"

场景2

在推介蚕丝面膜时，我们可以这样说：

"用过××蚕丝面膜的都被圈粉了，我就是典型代表。等啊等，终于等到店家推出感恩回馈周活动，满三盒赠一盒，满五盒赠二盒。福利太大啦，超级划算！"

技巧点拨

技巧1：即时播报

主播在做限时营销的时候，最好即时播报剩余数量、已售数量所占比例，当粉丝听到短时间内有很多人购买产品或者产品马上就要售罄时，会很自然地产生"那么多人都在买，东西一定不错"的想法，不由自主地对产品产生兴趣。这样一来，抢购的人就会越来越多。

技巧2：强化语言和界面

运用语言表达限时的紧迫感，多用感叹句、口号式呐喊，同时在直播界面上加入爆炸元素、倒计时等装饰，都能有效地渲染紧迫气氛，激发粉丝的兴奋感和购物热情。

23 "只有本直播间有优惠！"——限地刺激

所谓限地，是指本直播间拥有而别的直播间没有的某种优势。限地不是噱头，而是品质和实力的象征。很多主播从来不卖廉价产品，只向粉丝推荐性价比高的产品，让粉丝花更少的钱买到更好的产品，这就增强了粉丝黏性，实现了成功"锁客"。

案例回放

皮皮是一名美妆主播，主要推介美妆护肤品，拥有十几万粉丝。晚上 20:00，皮皮准时进入直播间，她是这样开场的：

"皮皮爱美丽，我是皮皮。这段时间有一款集补水、修复、抗氧化等功能为一体的全能面霜火爆全网，就连许多明星都在为它疯狂打 call，几乎每天都有姐妹私信催我开团。作为网罗各类护肤神器的小能手，我当然不会辜负大家的期待。今天咱们就团起来，为大家送上一份超级福利！这款面霜的市场价是 298 元一瓶，今天在我们直播间仅需 220 元一瓶！这么大的优惠力度，不买对不起自己！"

看着粉丝们开始蠢蠢欲动，皮皮还不忘叮嘱大家："关注皮皮的直播间，还能领取优惠券哦！先领券再购物，省省省！下单抽大奖，值值值！小伙伴们，动起来吧！"

顷刻，直播间就热闹起来了。

解 析

大部分消费者对价格是非常敏感的，他们总是希望花更少的钱买到更好的东西，而限地营销可以让消费者产生一种能在这里"捞到好处""占到便宜"的感觉。这就是为什么许多商场大搞打折促销时，明明用横线划去原价，却又故意让人看见的意图所在。

开展限地营销最有效的方法是做独家。主播可以与某一品牌达成战略合作，消费者想要以优惠的价格购买该品牌的某一款化妆品，就只能通过主播。做独家往往需要付出昂贵的成本，但在抢到独家资源后，主播就像抢到了一个聚宝盆，迟早会赚得盆满钵满。

实战演练

场景1

如果我们是某品牌的代理，我们可以这样说：

"这款水光精华液是××新上市的产品。作为地区级总代，我是第一批拿到货的，只要通过我购买，都可享受8.5折惊喜尝鲜价，超值！"

场景2

当需要强调优惠力度时，我们可以这样说：

"虽然××的所有产品都采用全国统一价，但是，我的粉丝就要让我来宠。每介绍完一个产品，我就会发红包和内部优惠券。轻轻一戳，惊喜不断，等你来领！"

技巧点拨

技巧 1：将理念融入运营

主播在口头强调"限地"的同时，也要将"限"的理念融入运营，适时以会员邀请、内测奖励等方式进一步调动核心粉丝的参与积极性，为大规模口碑传播营造氛围，进而带动持续的、大规模的直播导流。

技巧 2：增强自身实力

化妆品同质化竞争十分严重，主播实力是成功卖货的关键。在直播的过程中，主播的产品展示技巧、亲和力和号召力等关键因素将决定卖货的业绩。因此，不断学习、增强自身实力是主播每天都要做的功课。有了实力，才能获得开展限地营销的资本。

第四章

高情商回应，
巧妙化解粉丝的"刁难"

在生活中难免碰见个别"刺儿头"，在做化妆品直播卖货时，也会遇上。大部分粉丝可以做到就事论事，只要主播给出合理的解释或者解决方案，就能息事宁人。但有些粉丝则会咄咄逼人，以各种方式"刁难"主播，如果主播强硬地反击，势必会影响直播间的气氛，继而影响销售。那么，如何巧妙化解粉丝的"刁难"呢？这就需要主播具备高情商了！

人们对事物的看法不可能是完全一致的，有支持者就会有反对者。因此，在直播卖货时，产品遭到质疑、主播本人遭到质疑都是很常见的事情。如果我们能掌握一些技巧，就能将其轻松化解。

24 "这是正品吗？"——耐心解释，让粉丝安心

在做化妆品直播的时候，常常会有很多粉丝（尤其是新粉丝）不停地向主播确认："这真的是正品吗？""这个价格，不会是山寨货吧？""这真的和专柜销售的一样吗？"

就算主播一次次拍着胸脯赌咒发誓自己卖的肯定是正品，也总是难以打消粉丝的所有疑虑（见图4-1）。这导致许多粉丝虽然对主播推介的产品有兴趣，却又担心买到假货而迟迟不肯下单。

图4-1 粉丝对产品的质疑

那么，主播究竟应该怎么做，才能让粉丝安心，消除其对产品的疑虑呢？

在介绍国外某品牌的一款面霜时，主播发现有不少粉丝一直在反复询问："这个到底是不是正品？"这款面霜是该品牌旗下的明星产品，市场上假货泛滥，很多人都买到过假货。因此，即使很多粉丝对这款产品有兴趣，也始终没有下单。

为了消除粉丝的疑虑，主播这样解释："我看到有很多宝贝在问这个是不是正品。首先，我要再强调一遍，在我的直播间是不会出现三无产品的。再说，今天推荐的这款面霜不可能是假货。为什么呢？因为它是纯进口的，怎么可能有假货呢？怎么判断它是不是纯进口？来，宝贝们准备好笔记本，我教教大家怎么判断这款产品是不是纯进口的。首先，我们要确认它的外文标识……然后鉴别条形码……再看条形码后面的制造地或原产地信息……还有检验标识……"

面对粉丝的质疑，案例中的主播并没有发誓赌咒，而是通过摆事实、讲道理来说服粉丝，这样做显然比任何口头保证都更能取信于人。

　　主播先用产品"纯进口"的特点来否定了作假的可能，然后通过详细讲解告诉粉丝如何辨别产品是不是纯进口，接着再引导粉丝一起运用该方法对产品进行一番公开检验，以此证明产品的"正身"。

　　这一方法最妙之处就在于，最终得出的结论并不是主播直接说出来的，而是在主播巧妙的引导之下，粉丝一步步调查出来的。通常来说，相比于别人直接说出来的结果，人们更愿意相信自己调查出来的结果，所谓"耳听为虚，眼见为实"就是这个道理。

实战演练

场景1

　　当粉丝质疑产品是否为正品时，我们可以这样说：

　　"其实，要辨别产品是不是正品，可以从这几点来分析。先看包装，正品的包装颜色是非常饱和、非常正的，而假货的包装颜色偏暗，一对比就能看出来，就连质感都不一样。再看防伪标记，这个非常重要。每一件产品上面都有一个独一无二的防伪码，可以直接到官网进行查询……还有面霜的颜色，大家可以看到，这个面霜膏体的颜色并不是纯正的白色，而是带有一点点米黄色的……只有通过以上检验的才是正品，也就是我手里的这一盒啦！"

场景2

当粉丝对我们的介绍心存疑虑时，我们可以这样说：

"对于任何一个爱美的女孩子来说，涂在脸上的东西好不好，比吃到嘴巴里的东西好不好更重要，对不对？像我，宁愿一个月都吃泡面，也不能没有面膜用。这款面膜，我自己也一直在用，已经用完两盒了。看，这盒是昨晚刚拆开的……我刚才已经洗过脸了，现在来涂一下……要是质量没保证，我也不敢随便往脸上涂，对不对？这可是主播宁愿吃泡面也要照顾好的脸，是不可能乱涂东西的……"

技巧点拨

技巧1：教粉丝鉴别产品真伪

当粉丝质疑产品的时候，主播应该耐心讲解，帮助粉丝消除疑虑。最好的方法就是教粉丝如何通过正确的方法来鉴别产品真伪，然后引导粉丝一步步去验明"正身"，这比任何保证都容易让人信服。

技巧2：把自己看作一名消费者

很多时候，粉丝之所以不信任主播，是因为在粉丝看来，主播只是一位推销员。无论主播说什么，粉丝都会觉得这只是一种推销的话术，并不能取信于人。因此，要想打消粉丝的疑虑，主播就必须扭转自己在粉丝心中的形象，并让粉丝明白自己其实也是一名消费者，和粉丝是站在同一个阵营中的。

25 "我用了之后脸上起痘痘！"——积极引导，与粉丝一起找原因

对粉丝来说，主播其实也是产品的"一部分"。粉丝愿意通过直播间购买产品，在很大程度上是因为信任主播。也就是说，主播的卖货能力实际上取决于其所拥有的粉丝数量，以及粉丝对主播的信任程度（见图4-2）。

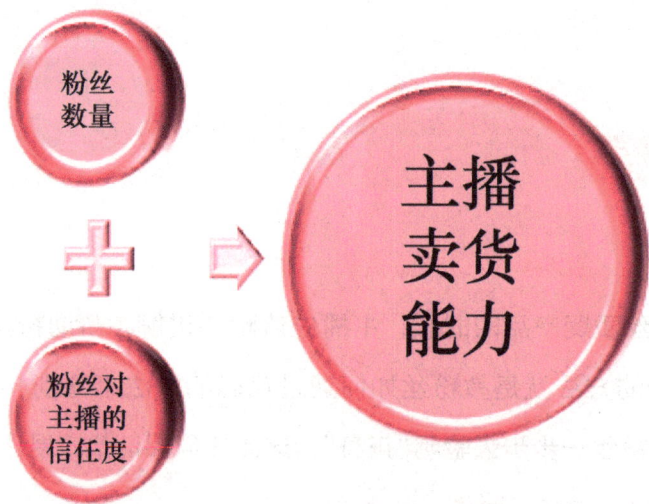

图4-2 决定主播卖货能力的两大要素

因此，主播除了要把产品卖出去，当粉丝在使用产品的过程中遇到问题或产生疑虑时，还必须答疑解惑并帮助他们解决问题。只有做好售前售后"一条龙"服务，主播才能真正留住粉丝，并得到粉丝的信任。

案例回放

直播刚开始不久，一名刚进入直播间的老粉丝就向主播抱怨。她说用完上次在直播间买的一款祛痘产品之后，脸上的痘痘反而更多了。面对老粉的抱怨，主播循循善诱，积极引导，与粉丝发生了如下对话。

主播："亲，你说的是那款 ×× 祛痘霜吗？我记得当时亲是买了两盒吧？"

老粉丝："对，就是那个。我和闺蜜一人买了一盒。"

主播："嗯，别急，我们一起来找找问题究竟出在哪里。亲之前就有长痘痘的困扰是吗？主要是长在脸上的什么部位？"

老粉丝："主要是额头上，之前其实还好，涂完那个祛痘霜之后，反而更多了。"

主播："导致额头长痘痘的原因有很多，比如……"

解 析

案例中的这位粉丝武断地将自己长痘痘的原因归结为使用了主播推荐的祛痘产品，但是，主播并不急于解释，也没有反驳粉丝。这是因为，主播很清楚，粉丝在抱怨的时候，情绪是比较差的，如果自己急于解释或反驳，很容易会让粉丝产生一种主播在推卸责任的感觉。

在粉丝抱怨的时候，主播先暂时避开了这个话题，转而提起粉丝当时购买了两盒祛痘霜的事情。主播这样做，一来可以让粉丝的情绪有一个缓冲，二来从侧面体现了自己对粉丝的重视，让粉丝知道自己记得对方。等粉丝情绪缓和下来之后，主播开始安抚粉丝，并开始解决问题。

在整个过程中，主播一直都没有直接反驳粉丝"长痘痘是因为使用了这款产品"这一说法，但一直在潜移默化地向粉丝传达这样一个信息：导致额头长痘痘的原因有很多，并不一定是因为使用了这款产品。这正是主播的高明之处。

👆 实战演练

场景1

当粉丝投诉产品导致皮肤问题时，我们可以这样安抚粉丝："亲，我们当务之急是解决您的皮肤问题，这是最重要的。要解决问题，就要先找到问题的根源，您方便说一说具体的情况吗？"接下来，我们就可以围绕具体的皮肤问题对粉丝进行询问，了解这些问题究竟与产品有没有关系，以便处理问题。

场景2

当粉丝因皮肤问题而质疑产品质量时，我们可以这样说："我们知道，即使是同一款化妆品，不同的人使用，也会有不同的效果。东西是好的，但主要还得看它适不适合您的皮肤。这款精华营养成分很高，但如果您的皮肤是油皮，或者您的皮肤本身并不缺乏营养，可能就不是那么适合。就像一个营养已经很充足的人，您还给他大补一通，反而会导致营养过剩。但这不能说明给他补的东西就不是好东西，只能说不适合他……"

技巧点拨

技巧 1：粉丝投诉时，不要急于否定对方

无论什么时候，被别人否定都不是一件让人开心的事。粉丝在投诉和抱怨时情绪本来就很差，如果主播在这种时候直接否定或驳斥其观点，哪怕再言之有理，也只会让粉丝更加恼怒，从而对主播和产品产生抵触情绪。

因此，在面对粉丝的投诉时，即便主播认为产品没有问题，也不要急于辩解，而应该耐心地和粉丝沟通，等粉丝情绪稳定下来之后，再一步步引导粉丝将事情说清楚，找到问题的根源。

技巧 2：抓住产品效果因人而异这一点，消除粉丝对产品的疑虑

影响皮肤状况的因素是非常复杂的，很多时候很难确定某些皮肤问题究竟是如何引发的。在这种情况下，为了维护品牌形象，主播不妨抓住化妆品效果因人而异这一点，消除粉丝对产品的疑虑，尽可能避免粉丝对品牌产生不良印象。

26 "直播的产品都是假货！"——对产品质量和售后做出承诺

直播卖货是一种新兴的销售方式，由于缺乏成熟的监管机制，确实乱象频出。不少无良主播为了卖货，无所不用其极，开展虚假宣传，坑害了不少消费者。正因为如此，有一些粉丝对直播卖货一直心存抵触，甚至直接闯入直播间称"直播的产品都是假货"。

面对这样的情况，主播应该如何应对呢？

案例回放

一次，某主播在推介某品牌的化妆品时，进入直播间的一名粉丝频频发言，说"直播的产品都是假货，否则价格不可能这么便宜"。

面对这样的状况，主播并没有直接反驳那位粉丝，也没有进行辩解，而是向直播间的粉丝做出承诺："大家都知道，这个品牌第一次和我们合作，而且这款产品实在是太好卖了，所以网上真的有很多假货。为了打消大家的疑虑，我在这里承诺，如果你在直播间买到假货，我们立刻全额退款。大家看这里，每一件产品都是有防伪码的，大家可以进行查验。我们发出产品时也会进行登记，杜绝一切造假的可能。而且，因为是首次合作，所以这次厂家给出了一个超低的优惠价格，真的是超低！这款产品真的太好卖了，错过这次优惠，下次就真的没办法拿到这个价格了……"

解　析

面对粉丝的质疑，案例中的主播并没有直接辩驳，而是对产品的质量和售后做出了承诺，同时也提醒粉丝，他们对每一件发出的产品都会做记录，既杜绝了售卖假货的可能，也杜绝了居心不良的人造假"碰瓷"的可能。

此外，主播一再强调，因为这次是和品牌方的首次合作，所以才能拿到优惠价。这样做一方面向粉丝解释了为什么产品价格会比较便宜，另一方面其实也是在向粉丝施压，让粉丝产生"这次不买就会错过大便宜"的想法，从而激发粉丝的购买欲望，可谓一举两得。

实战演练

场景1

当粉丝怀疑我们卖假货时，我们可以这样说：

"在直播间购买的产品同样可以享受厂家提供的售后服务以及为期三年的质量保证。现在我说再多，大家都未必会百分之百地相信，但只要看到产品，你们就会发现它有多可爱，它能让你变得多漂亮！而且，你所有的疑问，售后都会帮你解决。所以，现在不下单，你还在等什么？"

场景2

当粉丝问产品的价格为什么这么便宜时，我们可以这样说：

"这是我们为粉丝争取到的一个福利，并不是一个常态的价格。只能说，今天在直播间的各位，运气真的非常好，这是难得的优惠。毕竟厂家也是要赚钱的嘛，不可能每天都像今天这样大送福利，亏本做活动……"

技巧点拨

技巧1：针对售后服务做出承诺，打消粉丝的疑虑

遇到对直播有偏见的粉丝时，主播没有必要浪费时间去和对方争辩，毕竟靠三言两语就改变一个人的想法几乎是不可能成功的。很多粉丝之所以对直播的产品有疑虑，在很大程度上是因为通过直播间购买的产品缺乏售后保障，一旦涉及退换货问题，就可能求助无门。因此，主播其实只要针对售后服务做出承诺，就能打消粉丝的大部分疑虑，让他们果断下单了。

技巧2：强调优惠价格的"非常态"

消费者的心理是非常复杂的，既希望占便宜、捡漏，但又认为"一分钱一分货""贵的肯定比便宜的好"。因此，主播在向粉丝推介产品的时候，一定要给粉丝一个价格这么优惠的理由，让他们明白优惠的价格并不意味着质量的下降，而是粉丝运气好，正好遇上了厂家的回馈活动，这是一种"非常态"的价格（见图4-3）。

几乎每一位主播在直播过程中都会遇到出言不逊的粉丝，如果我们完全不回应，就好像被对方说中了一样，显得心虚。如果我们与对方针锋相对，那么直播气氛肯定会变得一团糟。针对粉丝公开的攻击，我们可以采用多种多样的化解方式。这些化解方式不仅可以化解危机，还能展现我们的机智。

27　幽默地自嘲，你的人气会更高

有一个现象特别有意思：当一位明星特别"招黑"的时候，越是解释，越是拼命想"洗白"，反而越容易引起粉丝的反感和抵触；但如果这位明星开启"自黑"模式，反而会赢得一大批粉丝的好感。

"自黑"就是自嘲，它其实是一种非常安全的表达幽默的方式。毕竟，你如果去调侃别人，一旦把握不好尺度，就可能把调侃变成得罪；但如果你调侃的对象是你自己，就不存在这种风险了。

而且，自嘲还有一个最大的好处，那就是可以避免攻击，毕竟你都把自己"黑"得这么惨了，别人还怎么好意思继续攻击你呢？因此，作为一名化妆品主播，一定要学会自嘲。自嘲既能帮助你在失误时化解被粉丝"黑"的尴尬，又能为直播增添些许笑料（见图4-4）。

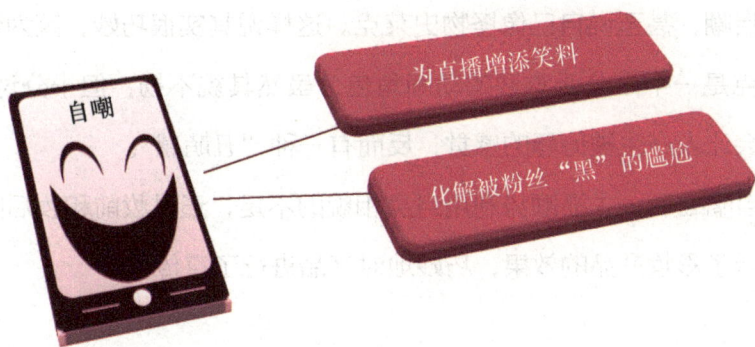

图4-4 自嘲的作用

案例回放

在一场直播中，有些粉丝嘲讽主播素颜太平凡，主播是这样回应的：

"长相太平凡？应该不只是平凡，是有点丑吧？眼睛太小，嘴巴太大，鼻子太塌，讲话声音还很像男人……唉，这么一说，怎么有点像怪物史莱克啊？还好不是绿色的！"

主播说完后，给自己化了一个妆，然后对粉丝说："大家看啊，就我这样一副尊荣，都能被化腐朽为神奇，可见这套产品有多值得入手了吧！真的，一定要买它，不能错过！它能让你瞬间变仙女！"

解 析

面对粉丝的攻击，案例中的主播不仅没有生气，反而用更夸张的言语自嘲，甚至说自己像怪物史莱克。这样说其实很巧妙，因为怪物史莱克是一个十分受欢迎的动画角色，虽然其貌不扬，但十分讨喜，并不会让人产生被侮辱的感觉，反而有一种"丑萌感"。

自嘲之后，主播顺势利用自身相貌的不足，通过妆前和妆后的对比展示了彩妆产品的效果，巧妙地对产品进行了宣传。

👆 **实战演练**

场景1

当我们被粉丝说"脸大"时，我们可以这样回应：

"好啦，我承认，我确实是脸大如盆，但这样才能展示出这款修容粉的效果啊，真的是一秒将'脸盆'变成'瓜子'……"

场景2

在直播过程中发生口误时，我们可以这样补救：

"啊，完蛋了，我是已经开始口齿不清了吗？怎么连话都说不清楚了？不知道这款拯救了我衰老皮肤的神仙水，能不能顺便拯救一下我衰老的语言系统啊……"

👆 **技巧点拨**

技巧1：幽默自嘲，化解对方的语言攻击

在直播的过程中，和粉丝发生争吵，受伤的只会是主播。无论什

么时候都不要和粉丝发生争吵，这是非常不智的行为。

要避免争吵其实并不难，争吵实际上就是一种相互之间有来有往的语言攻击，我们只要不去回应，争吵就无法单方面地持续下去。当然，在直播过程中，面对粉丝的攻击，主播也不能完全采取无视的态度，适当地用自嘲的方式进行回应就是一种非常容易获得其他粉丝好感的处理方式。

技巧2：先别人一步"自黑"，避免"被黑"的尴尬

在直播的过程中发生失误是很常见的事情，此时最好的处理方式就是先别人一步进行"自黑"，大大方方地承认自己的失误，这样反而能够有效地避免"被黑"的尴尬。

需要注意的是，我们千万不要因为面子问题，就抱着侥幸心理试图去掩盖自己的失误，因为越急着掩盖，反而越容易造成粉丝的反弹，给自己"招黑"。

28 聪明的主播都会高情商地打圆场

在直播过程中，主播常常会遇到各种突发状况，如果处理不好，就会让场面非常尴尬，甚至可能引起一些不必要的争执与麻烦。为了避免这种情况，打圆场可以说是每一位主播的必备技能。

打圆场是一门非常实用的语言艺术，能够帮助我们在社交中化解意外出现的尴尬局面。例如，在直播的过程中，当有人不慎说出不合时宜的话时，聪明的主播往往都会高情商地打圆场、及时制止，把尴

尬的局面化解开，让直播可以顺利地进行下去。

有一次，某著名卖货主播和他的助理一起搭档直播，在推介一款散粉时，有一位粉丝询问主播另外一个牌子的散粉怎么样。当时，主播刚要说话，却突然卡住了。他大概是意识到自己作为一个颇有影响力的主播，如果贸然评价其他品牌的产品，很可能会招来不必要的麻烦。一时之间，场面颇为尴尬。

这时，一旁的助理大概也意识到了这个问题，连忙接话打圆场道："这款散粉啊，我们不用哦，不是它不好，只是我们不用。"

解 析

案例中的主播如果夸赞其他牌子的散粉，很可能会招致合作品牌的不满，毕竟主播的任务是推介合作品牌的散粉；但如果说其他牌子的散粉不好，又很可能会对该品牌造成负面影响，从而给自己惹来麻烦。在这种情况下，助理的适时接话很好地化解了尴尬，帮助主播绕开了这个敏感的问题，让直播可以顺利地进行下去。

助理在打圆场时所说的话也是十分巧妙的，他虽然没有对其他品牌的散粉做出任何评价，只是告诉粉丝"我们不用"，但这种说法其实很容易让粉丝产生联想：作为一名化妆品主播，不用那款散粉，是不是因为它不好用呢？这其实就相当于变相地给出了建议，让粉丝放弃其他品牌的散粉，选择他们推荐的产品。

实战演练

场景1

在直播中，搭档说错话时，我们可以这样打圆场。

搭档："哇，这个口红颜色也太丑了吧，涂上就跟中毒了似的！"

主播："但是，你想象一下，如果是拍那种杂志封面，再给你做一个那种很有未来感的造型，涂这个颜色的口红是不是很酷？只能说，这个颜色真的不太适合日常使用，但只要造型对了，就能成为画龙点睛的一笔。"

场景2

在直播中，当粉丝发表不当言论时，我们可以这样打圆场。

粉丝："这个粉底液是真的好用，我以前用过，不像××牌的那个，超级难用，而且很难推，主播你以后选货的时候千万不要选那个牌子……"

主播："其实使用粉底液是有技巧的。如果你是干性皮肤，那么在使用粉底液之前一定要做好基础护肤，然后选择有补水保湿功效的粉底液，不然就会很难推开。眼睛周围一定要注意，不能涂得太厚，否则容易出现细纹……"

技巧点拨

技巧1：求同存异，从另一个角度进行解读

观察任何事情都有多个角度，当搭档或粉丝发表的言论太过偏激时，主播可以尝试从其他角度对事情进行解读，以此"中和"偏激的言论。例如，在推介口红时，搭档说口红颜色丑，主播可以将这种颜色归入"时尚"行列，用"不适合日常使用"的说法来打圆场（见图4-5）。

图4-5 从另一个角度解读

技巧2：转移话题，阻止不合时宜的发言

直播是一个面向大众传播信息的过程，很多不合时宜的言论都是不能出现在直播中的。例如，在直播过程中，粉丝说其他品牌的产品不好，这时主播一定不能随便接话，以免引起不必要的麻烦与纠纷。最好的方法就是立即转移话题，阻止粉丝继续发表不合时宜的言论，并避免让其他品牌的名称过多地出现在自己的直播间。

29 不抬杠，更不能口出恶言

我们每天都会遇到形形色色的人，其中有喜欢我们的，愿意对我们展示友好与善意的，也有不喜欢我们的，甚至对我们表达抵触与恶意的。做直播也是这样，既会遇到支持主播、相信主播的粉丝，也会遇到讨厌主播、喜欢和主播抬杠的粉丝。

无论在什么样的情况下，主播和粉丝发生争执都是非常不明智的。卖货主播与普通的主播相比，还多了一个身份，那就是产品的导购员或销售员。如果主播与作为顾客的粉丝发生争执甚至口出恶言，那么不管谁对谁错，都会影响直播间气氛和销售业绩。

但是，主播也不能完全对"黑粉"放任不管，因为他们的发言很可能会对直播间的其他粉丝造成不良影响。

案例回放

某主播在推介某品牌的一款美白面膜时，一位粉丝频频发言，说"直播卖的都是假货"，让其他人不要相信主播，并一直咄咄逼人地说

"敢不敢承诺没有效果就十倍退款"之类的话。

面对这样的情况，主播是这样说的："真的很抱歉，这位亲，我没有办法给大家这样的承诺。不是因为我对产品没有信心，恰恰相反，正是因为我对这款产品太有信心了，所以我才没有办法给出这样的承诺。这款产品是纯天然的，没有激素，不含铅、汞等金属成分，天然到连孕妇都可以使用，所以它没有办法让你一夜之间就变美，也没有办法让你一下子就变白很多个色号。皮肤的新陈代谢周期是 28 天，你需要足够的耐心，才能感受到它带给你的好处……但我能给所有亲一个保证，那就是我的直播间售出的肯定是正品，不会有任何一件假货。怎么验证产品的真伪呢？其实很简单，我们发出的每一件产品都有一个防伪码……"

解　析

案例中的那位粉丝很显然对直播卖货心存偏见，在这种情况下，无论主播怎样接话，对方都很可能继续抬杠。更重要的是，主播有自己的直播计划，不可能花费过多时间去和对方进行辩论。

因此，聪明的主播采用"逆向表达"的方式，拒绝承诺产品效果的同时，极大地突出了产品纯天然的特点，引导其他粉丝将关注点再次放到自己推介的产品上。之后，主播又给出保证，并教导粉丝如何分辨产品的真伪。在整个过程中，主播没有口出恶言，也没有和粉丝抬杠，却成功规避了粉丝咄咄逼人的攻击，还让其他粉丝看到了其诚恳的一面，刷足了好感，可谓十分机智。

实战演练

场景1

当遇到喜欢抬杠的粉丝时，我们可以这样处理。

主播："这个颜色真的不适合亚洲人，不建议大家入手。这个颜色就非常百搭，完全可以人手一支！"

粉丝："我就喜欢前面这个颜色，后面那个颜色不好看。"

主播："前面这个颜色是真的太挑人了，除非你白到发光，不然真的不要选它！"

粉丝："我就是很白啊。"

主播："我给大家提供的都是非常中肯的建议。当然了，最终的选择权还是握在大家自己手里。不管是选择适合自己的，还是自己喜欢的，都能给我们带来愉悦感和满足感……"

场景2

当遇到口出恶言的粉丝时，我们可以这样处理。

粉丝："这是什么破东西啊，颜色太难看了，主播你是失明了吗？"

主播："希望大家控制一下情绪，不要太激动，太激动对身体不好。文明发言，人人有责哦！"

技巧点拨

技巧 1：不要和"杠精"抬杠，那是在浪费时间

在直播的过程中，遇到喜欢抬杠的粉丝，最好的办法就是避免和对方"对呛"，千万不要试图与对方展开辩论，因为不论你说什么，对方都一定会反对你的意见。因此，遇到"杠精"的时候，主播没有必要浪费时间去和对方抬杠，只要按照自己的计划将直播进行下去就可以了。

技巧 2：控制情绪，避免口出恶言

无论何时，主播口出恶言都会给粉丝留下极为糟糕的印象。人在情绪激动的时候是很容易口不择言的。主播一定要懂得控制自己的情绪，以"泰山崩于前而不变色"来要求自己，时刻记得基于自己的理智而非情绪说话。

　　赞美是化解矛盾的金钥匙，如果主播遭到粉丝的刁难，十有八九是因为粉丝对主播的某些话、某些行为产生了误解，对主播产生了恶感。要想维持直播间的良好氛围，改变这些粉丝对主播的印象，主播不妨以赞美回应刁难。

30　没有人不喜欢赞美

　　俗话说："伸手不打笑脸人。"这话一点也不假，即使再不喜欢一个人，如果对方始终对你热情友好，想必你也很难保持冷淡的态度。

　　同理，如果一个人总是赞美你，对你讲好听的话，恐怕你也很难讨厌对方。毕竟，谁不喜欢被赞美、被夸奖呢？在直播的过程中，当我们遇到不太友好的粉丝时，不妨试着去夸一夸对方，很有可能会获得意想不到的效果。

案例回放

　　在一场直播中，主播在示范眼妆时，一位粉丝突然攻击主播化妆手法粗糙、审美老派、糟蹋了这款眼影。

　　看到粉丝的发言，主播说："亲一看就是行家，提出的每一个问题都非常中肯，谢谢亲的指教，我一定会汲取教训，努力练习，克服手残问题，努力对得起这款非常非常好看的眼影。亲一定也非常喜欢这款眼影吧？真的很有眼光、很有品位……"

解 析

面对粉丝的攻击，主播不仅没有生气，反而摆出一副谦虚受教的态度，对粉丝进行了大力的赞扬，夸粉丝是行家，提出的问题一针见血，并且有眼光、有品位。面对主播这样的回应，想必这位粉丝也不好意思继续再以激烈的言语来指责主播。退一步说，即使这位粉丝的态度依然恶劣，两相对比之下，也能凸显主播的高情商和好教养，让主播吸引更多粉丝。

此外，主播在赞美粉丝的时候，还特意点出了自己正在推介的这款眼影，让这款眼影成了证明粉丝有眼光、有品位的证据。换言之，主播的潜台词其实就是在告诉大家，有眼光、有品位的人一定懂得欣赏这款眼影。

实战演练

场景1

当粉丝指出我们的失误时，我们可以这样说：

"非常感谢小仙女提出的意见，就是因为拥有你们这些超级厉害的小仙女，我真的学会了很多东西，我们的直播间也变得越来越好……"

场景2

当粉丝投诉产品问题时，我们可以这样说：

"遇到这样的问题，确实很不开心，亲能像现在这样理智地来直播间反映问题，真的是很难得，可见亲一定是一个情商很高并且非常通情达理的人。亲放心，我们的售后一定会给出让亲满意的解决方案，所以希望亲能再耐心等一等，稍后小助理会和亲联系，我们就先继续今天的直播好不好……"

技巧点拨

技巧1：粉丝怼你，你就使劲夸他

与人交往就像照镜子，你展现出什么样的态度，对方往往也会以什么样的态度回应。在直播的过程中，当有粉丝怼你的时候，如果你也用同样的态度去与对方针锋相对，那么很可能就会引发一场争吵；但如果你反过来去夸奖他，那么反而可能会让粉丝觉得不好意思，使其转变态度，甚至实现"路转粉"或"黑转粉"。

技巧2：用赞美给粉丝戴高帽

没有人不喜欢被别人赞美。人们被赞美之后，往往会为了维持光环，有意识地去保持被他人赞美的优点。主播在遇到粉丝"刁难"的时候，也可以用赞美的方式去给粉丝戴高帽，潜移默化地约束粉丝的行为。

例如，粉丝遇到产品问题前来投诉时，主播可以先给粉丝戴上一顶通情达理、情商高的高帽，粉丝为了维持这种形象，就会下意识地约束自己的行为，这样一来，主播就省去了很多麻烦。

31 赞美要有理由，不能太牵强

缺乏理由的恭维很难让人心生好感。虽说用赞美的方式来应对粉丝的刁难是一种十分有效的方法，但如果主播赞美粉丝时不得其法，没有足够的理由作为支撑，反而可能会让粉丝觉得主播功利性、目的性太强，从而对主播产生更大的反感。

即便赞美别人，也要讲究方法，不能过于牵强，只有恰如其分、顺理成章的赞美，才能真正夸到粉丝的心坎上，攻破粉丝的心防。

案例回放

一位化妆品新人主播在赞美粉丝时不得其法，反而让粉丝产生恶感，直播间的气氛一度陷入尴尬。

粉丝："上次投诉的问题一直没有解决，你们到底是怎么回事？是不是骗子啊！"

主播："抱歉哦，小姐姐的问题我们已经反馈给厂家了，目前还在等消息，小姐姐人美心善，希望能耐心等一等，相互理解哦！"

粉丝："别用这种话来搪塞人！别以为拍几句马屁就完事了，今天必须给我答复！"

解 析

案例中的主播在面对粉丝的投诉时，原本想说些好话，称赞粉丝几句，以此缓和气氛。这一策略本身没有错，但问题是主播对粉丝的赞美太过刻意，讨好粉丝的意图也过于明显，在这种情况下，简直就是火上浇油。

就像粉丝说的，主播张口就是一句"人美心善"，夸赞得既套路又敷衍，很难让人感受到诚意。可见，赞美也是需要注意方法的，牵强的赞美只会让人感到尴尬，只有恰如其分又水到渠成的赞美，才能真正夸到别人的心坎上。

实战演练

场景1

当粉丝表现得十分挑剔时，我们可以这样赞美：

"从亲说的这些就能看出，亲真的是一个特别有品位、活得特别精致的人啊……"

场景2

当粉丝说话"毒舌"、不留情面时，我们可以这样赞美：

"厉害，这些话真是说得一针见血啊！难道小姐姐是从事化妆品相关行业的吗？粉丝里果然是藏龙卧虎啊……"

场景3

当粉丝有理有据地投诉时，我们可以这样赞美：

"亲反映的问题我们都记下了，一定会尽快给亲满意的答复。可以看出，亲是一个非常理智的人，说话逻辑严密、有理有据。和亲这样的人沟通真的太舒服了，高效率、有礼貌、有教养……"

技巧点拨

技巧1：找到立足点，让赞美有理有据

赞美一定要真诚，如何体现赞美的真诚呢？其实很简单，那就是找到赞美的立足点，让每一句赞美都有理有据、顺理成章。例如，一个人特别会说话，你称赞他口才好，这就是有理有据、顺理成章的赞美；但如果你称赞他温柔娴静，那就非常牵强了。

技巧2：适可而止，不要过分谄媚

做任何事情都要把握好尺度，一旦超过尺度，好事也可能会变成坏事。恰如其分的赞美让人如沐春风，但过度的赞美却会让人感到有吹捧之嫌，显得很不真诚。

主播在赞美粉丝的时候一定要懂得适可而止，不要表现得过分谄媚。那种不经意间透露出来的欣赏和润物细无声的称赞反而显得更加真实，也更容易打动人心。

第五章

给出购买的理由，让粉丝尽快下单

明观看的粉丝有很多，但产品的销量就是上不去，这是很多新人主播面临的难题之一。要想解决这个难题，就要站在粉丝的角度想一想他们不买的理由是什么。只要给粉丝一个充分的购买理由，就能成功让粉丝下单。

价格是决定粉丝是否购买产品的关键因素之一。主播直接报出产品价格，倘若价格过高，粉丝难以接受，那么一单生意就飞走了。事实上，相同的价格可以有不同的报法，只要巧妙安排，依然能给粉丝带来惊喜。

32 做好铺垫，给出"好"价格

很多时候，我们在购买一件化妆品时会因为价格太高而退缩。可是，在看到产品强大的功效、有价值的成分以及品牌的影响力后，又觉得这个价格似乎也能接受。因此，决定消费者是否购买产品的因素主要有两个，一个是价格，另一个是产品本身（见图5-1）。如果产品的本身足够吸引人，就能让消费者忽略价格。

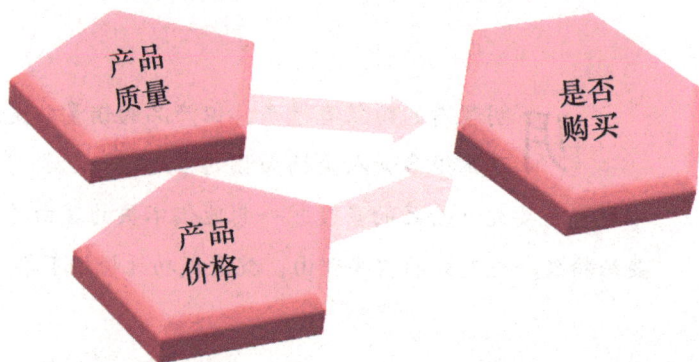

产品质量

产品价格

是否购买

图5-1 影响购买决策的两大因素

我们在直播间推介一款产品时，不能一上来就报价，应该先为报价做好铺垫，然后再报出"好"价格，这样粉丝才会感到意外和惊喜，而产品也能轻轻松松地卖出去。

案例回放

市面上不同防晒霜的价格悬殊，某美妆主播在推介一款价格不低的防晒霜时是这么说的：

"这款防晒霜，我在直播间已经推荐了很多次。我为什么推荐它？因为它是 ×× 牌防晒霜的平价款，它所含成分和 ×× 牌几乎一样。这款防晒霜的销量在北美地区名列前茅，很多明星都在用它。这款防晒霜的成分都是纯天然植物提取物，它的质地很轻薄、透明，没有一丝油腻感，涂在肌肤上，一秒钟就能贴合皮肤。不管是爱化妆的女生，还是不爱化妆的女生，防晒霜是一定要买的，因为它就像是一层防护服，能够保护我们的皮肤不受紫外线的侵蚀。这款防晒霜在 ×× 平台的销售价是 299 元，但在我的直播间只卖 199 元……"

解 析

做化妆品直播时，不建议一上来就说价格。这是因为，如果报的价格低，粉丝会认为便宜没好货，然后离开直播间；如果报的价格高，粉丝又会觉得超出自己的预算，也会离开直播间。粉丝的流失无异于销售额的降低。

案例中的主播在推介产品时并没有立马说价格，而是做了一个很长的铺垫。他介绍了产品的价值、销量、成分、质地和功效等。在把产品的种种优势都介绍完之后，他才报出价格。而且，他在报价之前，还报了该产品在其他平台的售价。这样做既能让粉丝深入地了解产品，也能让粉丝对产品的价格不感到意外，最终的结果当然就是粉丝心甘情愿掏腰包。

实战演练

场景1

当推介的产品价格很高时，我们可以这样说：

"我今天要推荐的这款化妆品是'贵妇级'的，因为很多外国皇室、贵族人士都在用它。这款产品的成分非常珍贵，提取也很困难，更重要的是，这款产品的效果很惊人，涂上之后，效果当场肉眼可见……"

场景2

当推介的产品为低价产品时，我们可以这样说：

"很多女生都知道××品牌的精华液特好用，不过价格也超贵。我今天给大家推荐这款精华液，它的主要成分和××品牌精华液的成分几乎没差别，但价格却相当美丽，只需要……"

技巧点拨

技巧1：用产品的销量做铺垫

很多消费者在购买化妆品时会将产品的销售数据作为是否值得购买的参考依据之一。我们在直播间推介产品时，可以用产品的销售量做铺垫，先在粉丝心中植入"这个产品真的好用"这个观点，再报出价格。这个技巧尤其适用于价格较高的化妆品，它可以让粉丝把注意力更多地放在产品的功效而不是价格上。

技巧2：用产品的性价比做铺垫

用产品的性价比做铺垫，可以把粉丝的注意力集中到产品的性能上，说完性能再说价格，粉丝就会自己判断产品的性价比是高还是低。如果产品的性价比高，那么不用主播强力推荐，他们也会购买。

33　低价要强调、强调、再强调

化妆品是消耗品，长年累月，积少成多，这方面的支出也会成为一大笔开销。不过，因为化妆品是直接用在身体上的，消费者对其功效、成分、品牌的关注多于价格。我们在做化妆品直播时，可以先强调产品的功效、成分和品牌价值。如果产品的价格很低、性价比很高，就可以将低价作为一大卖点，不断强调（见图5-2）。

高性价比

功效

成分

价格

品牌

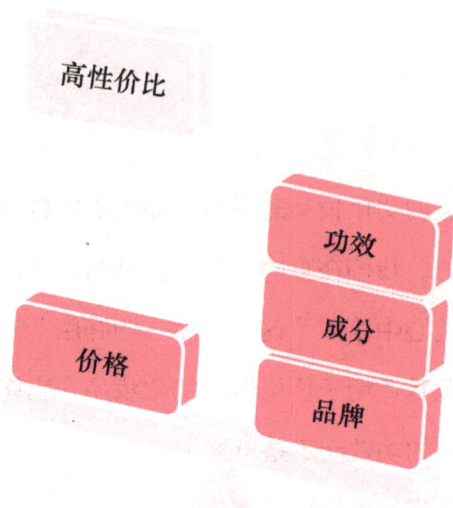

图5-2　高性价比产品

案例回放

某主播在直播间推介一款精华液时是这样说的：

"我今天要推荐的这个品牌是个大品牌，也是我的最爱，它就是××。我今天推荐的产品是这个牌子的明星产品精华液。这款精华液超好用，我自己已经不知道用了多少瓶了。我为什么这么喜欢它？因为它让我的皮肤变得弹、润、亮，效果可以看得见。这款产品的配方有'天价配方'之称，其中最主要的成分是超级珍贵、超级难培育的××酵母，它具有修复受损皮肤、提亮肤色的功效……这款精华液平时的售价是多少，不用我多说，大家都知道。但今天在我的直播间，你将享受到一个超低价，只需要×××元。今天的价格有多低呢？

算一算是不到 5 折的。你去专柜或者其他主播的直播间，都不可能享受到这个价格。我可以负责任地告诉你，你未来很难碰到今天这个价格了……"

解 析

说"产品低价"并不单单指产品的价格低，当产品的功效、成分、品牌的价值高于产品价格时，哪怕价格相对较高，也可以称之为"低价"。因此，低价不是平价化妆品的专利，它也可以成为高端产品的卖点。

案例中的主播在报价前，先用产品的功效、成分和品牌价值做铺垫，之后才给出价格。当粉丝了解到产品的价值高于价格后，哪怕价格较高，也会认为这是一个低价。在给出价格后，主播再三强调与其他销售渠道相比价格很低，让粉丝产生一种"这个价格不买就吃亏"的感觉。

实战演练

场景1

当推介的产品是高端化妆品时，我们可以这样说：

"我今天要推荐的这个品牌是一个国际大牌，很多名人都是这个品牌的忠实粉丝。我今天推荐的这款产品在这个品牌的官网售价是×××元，但今天在我的直播间，我将给你们一个超低价。这个价格低到让你不敢相信，低到让你觉得抢到就是赚到……"

场景2

当推介的产品是平价化妆品时，我们可以这样说：

"我今天推荐的是一款非常好用的平价化妆品，它的效果、成分一点也不输大品牌。不过，它的价格却低到你简直不敢想象。今天在我的直播间，只要购买这款产品，我就送大家一个小礼品，这个小礼品的售价等同于我今天推荐的产品的价格。换句话说，今天的产品相当于不要钱……"

技巧点拨

技巧1：先介绍产品的优点，再强调产品的低价

当我们推介的化妆品足够优秀时，价格就变得没那么重要了。如果优秀的产品还有一个足够低的价格，那么低价就能发挥锦上添花的作用。

我们可以先介绍产品的优点，如功效、成分、品牌等。待介绍的优点足够多、足够打动人时，再报出低价，绝对能给粉丝带来惊喜。报价之后再强调产品的低价，就能让粉丝知道该产品具有极高性价比。

技巧2：用赠品的价值来强调产品低价

很多商家为了树立良好的品牌形象，经常会提供赠品。以李佳琦

为例，他推荐的平价化妆品的价格一般比官网售价低，大牌化妆品的价格或许和官网售价不相上下，但经常会送很多赠品。这些赠品在一定程度上"拉低"了产品的报价。我们不要忽略赠品的价值，要着重向粉丝说明赠品的价值，并在赠品价值的基础上强调产品价格之低（见图5-3）。

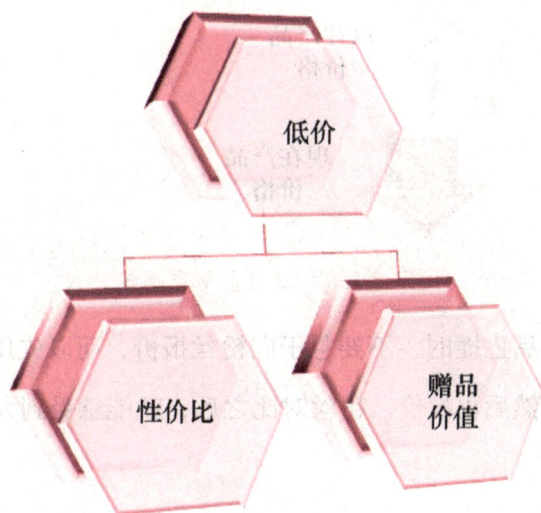

图5-3　强调低价的两大方法

34　好价格需要做对比

假设我们看中了某款化妆品，并认为这款化妆品的价格很高。我们认为价格高的原因是不自觉地将这个产品的价格与同类产品的价格做了一番对比，用于对比的产品的价格低于我们看中的产品的价格。相反，如果用于对比的产品的价格高于我们看中的产品的价格，那么我们看中的产品的价格就显得低了（见图5-4）。

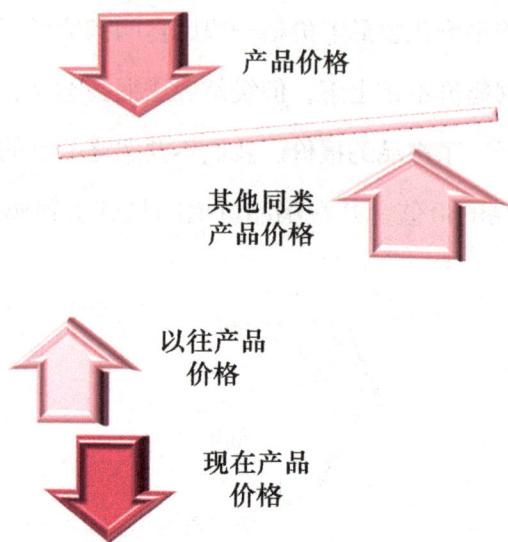

图5-4 有对比才能彰显低价

在做化妆品直播时，不要急于向粉丝报价，可以先用其他产品的价格做铺垫，然后再报价。粉丝对比之后，就能感受到大大的惊喜。

案例回放

主播 yoyo 在直播间推介了一款口红，她是这么说的："我今天给大家推荐一款口红，它的颜值真的高到没朋友。这款口红的管身采用贝壳材质，放在灯管下、太阳下轻轻转动，五光十色，特别好看。口红的质地很轻薄，磨砂效果，闻起来有股淡淡的果香味。涂在嘴上，给人一种春天般的感觉，真的超级诱人、超级漂亮。这支口红不管是包装，还是呈现的效果，一点都不输 ×× 牌的口红，甚至比 ×× 牌的口红还要高级。×× 牌的口红是 ×× 元一支，我推荐的这支口红

的价格是 ×× 牌口红的一半。花一半的钱就能买到和大牌一样高端的产品，这样的好事哪里找……"

解　析

"平价产品"的解释有两种，一种是它的价格不会让工薪收入群体感到有压力，另一种是相比于同类产品，它的价格很低。消费者当然想买到物美价廉的产品，而最能突出物美价廉的做法就是提供一个用于对比的产品。

案例中的主播先介绍了产品的优点，然后以同类别但很大牌的产品做对比，以此彰显自己推介的产品品质高。当粉丝对主播推介的产品有一个高定位后，心中对产品价格的预估也将与大牌产品靠拢。而当主播报出的价格远远低于大牌时，粉丝无疑获得了一个大大的惊喜。

实战演练

场景1

当推介的产品价格很高时，我们可以用价格更高的同类产品做对比：

"我们都知道 ×× 牌隔离霜是高端产品，能够隔离 90% 以上的光，以及化妆品中98％以上的有害物质。我今天推荐这款产品，它的效果可以与××牌隔离霜的效果媲美，但价格美丽得多，只需要××元……"

场景2

当推介的产品价格很低时，我们可以用这款产品以往的价格做对比：

"我今天推荐的这款眼霜虽然是一款平价产品，但是用过它的人一定会觉得它非常好用。这款产品平时的官方售价是××元，在我的直播间出现过的最低价是××元。但是今天，这款眼霜在我的直播间的价格又刷新了下限，只需要××元……"

技巧点拨

技巧1：与高端产品比品质

如果我们推介的产品的品质可以与高端产品相媲美，粉丝就会觉得我们推介的产品很高端。当我们报出高端产品的价格，再报出我们推介的产品的价格时，我们推介的产品就具备了价格优势。需要注意的是，我们在拿其他产品做对比时，不要去诋毁其他品牌。

技巧2：与产品的以往价格做对比

经常网购的人都知道，各类平台经常会举办大大小小的促销活动。同一件产品在不同的时间会有不同的价格。不过，直播间的价格很多时候都比官网售价低。我们在直播间推介产品时，可以用产品以往的价格做对比，以此衬托价格优势。

第二节　找出粉丝不买的动机，对症下药

化妆品的种类很多，但粉丝的关注点却几乎都是相同的，无非是产品的功效、成分、价格、品牌等。找出粉丝不买的动机，对症下药，就能让粉丝心甘情愿地掏出钱包。

35　"这个价格我不能接受！"——用效果来说话

很多人买东西时都会感到纠结，如果价格太低，就会觉得便宜没好货，质疑产品的质量；如果价格太高，又会觉得超出预算，或者怀疑产品的性价比低。面对这种爱纠结的粉丝，主播要化身为心理疏导师，帮助粉丝走出死胡同。

在粉丝提出"这个价格我不能接受"时，我们要站在粉丝的角度，想一想他们不买的动机是什么。很显然，对价格感到纠结无疑是怀疑产品的效果配不上其价格。对此，我们要将推介的重点放在产品的效果上，用效果来说话。

案例回放

某主播在推介一款高端肌底液时，是这么说的：

"我们都知道，肌底液是涂在精华之前的，它能帮助我们的皮肤

更好地吸收后续涂在脸上的护肤品。我今天要推荐的是一款'贵妇级'肌底液，很多女明星都是这款产品的忠实粉丝。虽然这款产品的价格很高，但是它的高价是与强大的效果成正比的。这是一款全能产品，主要有八大功效。第一，它具有防御作用，能够帮助我们抵御空气中的灰尘、电子产品散发的蓝光，以及阳光中的紫外线。第二，它具有修复作用，能够修复我们受损的细胞。第三，它能够给我们的皮肤补水，使用几次就能让我们的皮肤变得水润。第四，它具有抗老化作用，能有效抚平脸上的细纹……"

解 析

案例中的主播推介的是一款高价产品，为了让粉丝接受产品的高价格，主播用产品的效果来淡化高价格。当效果足够强大时，高价格也就可以接受了。因为这个时候，粉丝的关注点已经不在高价格上，而是转移到产品的效果上了。

实战演练

场景1

当推介平价化妆品时，我们可以这样说：

"我今天要推荐的是一款平价化妆品，但是它的效果一点都不差，甚至比很多大牌的同类产品还要牛，它的功效牛在哪儿呢？首先……"

场景2

当推介的产品价格很低时，我们可以这样说：

"接下来要推荐的这款产品是本场直播的重点，因为它的价格低到你简直无法想象。不过，不要因为它价格低而看不起它，它的效果也是非常强大的。它最主要的功效是……"

技巧点拨

技巧1：从多个方面介绍产品的效果

粉丝对化妆品的要求从来都是效果高于价格。效果越强大，粉丝就越控制不住购买的欲望。因此，产品的效果是推介的重点。就化妆品来说，其效果体现在多个方面，如质地、功效、上妆感等。一一将这些效果介绍清楚，有利于粉丝了解产品的优秀之处，他们对产品的高价或低价自然就没那么敏感了。

技巧2：不过分夸大产品的功效

"一分价钱一分货"的观念在很多人心中根深蒂固。我们在推介化妆品尤其是价格较低的化妆品时，绝对不能过分夸大产品的效果，因为这会令本就存在疑虑的粉丝产生更多疑虑。更重要的是，如果粉丝使用后发现实际效果与主播声称的效果相距甚远，他们就会认为主播故意欺骗，这大大不利于后续的直播。

36 "我怕过敏！"——强调成分，突出效果

每个人的肤质不同，不同肤质对化妆品的适应力也不同。如果皮肤的适应力很弱，一旦产品中的某种成分是皮肤不耐受的，皮肤就会出现过敏反应，如红肿、起痘等。因此，皮肤敏感的人在购买化妆品时会非常慎重，"我怕过敏"也成了部分粉丝不买产品的理由之一。

👆**案例回放**

水乳是日常护肤中必不可少的化妆品，早晚都要用。推介针对敏感性皮肤的产品前，一定要确保我们推介的产品真的抗过敏。某主播在直播间推介一款水乳产品时是这样说的：

"一到换季的时候，很多小伙伴的脸就变得特别敏感，使用的产品有一丁点不温和，就会出现泛红、红肿。我今天给大家带来了一款纯天然的、敏感性皮肤可以放心使用的水乳。这款产品的主要成分是蒸馏水和××的提取液。这个提取液非常温和，能很好地被我们的皮肤吸收，它不仅不会伤害我们的皮肤，还能有效地修复受损的皮肤。不管你是敏感性皮肤，还是孕妇、哺乳期妈妈，都可以放心使用……"

👆**解　析**

皮肤敏感的人群对化妆品的要求主要有两点，一是有效果，二是

安全，而安全主要取决于产品的成分。在化妆品直播间里，我们时常会看到很多粉丝问主播产品的成分有哪些，产品是否适合敏感性皮肤使用等问题。对于这类粉丝，我们要理解他们对产品的顾虑，主动出击，详细而专业地介绍产品的成分及其效果。

案例中的主播在推介产品时一一列举了产品所含的成分，以及该成分的功效。值得一提的是，在直播的开头和结尾，主播都点明了产品也适合敏感性皮肤使用，前后呼应的推介手法令粉丝更加放心。

实战演练

场景1

在推介彩妆产品时，我们可以这样说：

"很多女生都不敢用彩妆，为什么呢？因为很多彩妆都含有重金属。皮肤敏感的女生用一次就会过敏一次。但是，我今天推荐的这套彩妆产品，敏感性皮肤人群完全不需要担心，因为这套产品的每一种成分都是纯天然的，它的主要成分有海藻、玫瑰花提取物、火山泥……"

场景2

在推介护肤品时，我们可以这样说：

"相较于彩妆，护肤品的成分要温和得多，但有些人还是容易过敏。我今天推荐的这套护肤品是专为敏感性皮肤人群研发的，它的成分不仅不致敏，还能帮助修复因敏感而受损的皮肤，它的主要成分有薰衣草提取液……"

技巧点拨

技巧 1：分析皮肤过敏的原因

皮肤过敏的原因有很多，包括花粉、灰尘、事物、药物和化妆品等。其中，化妆品中能造成皮肤过敏的成分有酒精、香料、防腐剂、重金属等。我们在做化妆品直播时，要帮助粉丝分析过敏的原因，树立专业的形象。当粉丝感到主播专业又值得信任时，就会毫不犹豫地下单。

技巧 2：为产品打上"纯天然"的标签

纯天然化妆品的成分是有机植物提取物。给化妆品打上"纯天然"这个标签后，哪怕粉丝不知道产品的具体成分是什么，这些成分有什么功效，也会觉得产品很安全。如果产品的成分确实提取于纯天然有机植物，我们就可以把纯天然作为产品的卖点。

37 "我对这个品牌不了解！"——突出优势，强调品牌价值所在

很多人都觉得，知名品牌的产品更值得信任，材料安全、健康，性能也名副其实。在化妆品行业，市场几乎被知名品牌瓜分，不知名品牌则在艰难求生。因此，"我对这个品牌不了解"也是粉丝不买产品的理由之一。

不过，任何一个品牌的发展都要经历从默默无闻到知名的过程。

当我们推介的化妆品品牌很小众，几乎没有什么品牌效应时，就要主动地介绍品牌，强调品牌的价值。只有粉丝对我们推介的品牌有了一定的了解，才会产生信任感，才会有购买的欲望。

案例回放

作为一名化妆品主播，不可能天天都推介知名品牌化妆品，绝大多数时候推介的还是小品牌化妆品。某主播在推介一款小众品牌的面膜时是这样说的：

"我今天要推荐给大家的是一款巨好用、效果巨好的药妆面膜，它是××品牌旗下的产品。说到这个品牌，相信很有人都不了解。事实上，它是一个小众品牌，创立的时间也不久。不过，等你听我介绍完，你就知道这个品牌有多牛了。这个品牌是××医生成立的，这位医生是××皮肤研究所的核心科研人员，他发表的论文在业内无人不知。这位医生研究××××××这个课题几十年，在前几年终于攻克了这个课题。经过大量的临床试验后，他创立了这个品牌。像你们用的那些大牌，有很多都和这个品牌合作过，比如××品牌……"

解 析

在化妆品行业中，品牌的价值一方面体现在影响力上，另一方面体现在核心技术上（见图5-5）。其中，影响力是一点点积累起来的。

对于小众品牌、不知名的品牌，主播要做的工作之一就是帮助品牌提升影响力。

影响力 ➕ 核心技术 ＝ 品牌价植

图5-5　品牌价值

案例中的主播深知自己推介的品牌没有什么影响力，所以他并不急于介绍产品的功效、成分，而是介绍起了品牌。这是因为，只有粉丝了解了品牌，这个品牌的产品才会有市场。主播只挑选品牌最有价值的一面来介绍，并借助大品牌的影响力来提升该品牌的价值。当粉丝了解到该品牌的种种价值后，就会对主播推荐的产品产生兴趣。等主播将话题拉回产品的功效、成分之后，只要介绍得足够专业，就不愁产品没有销量。

实战演练

场景1

当推介的品牌没什么影响力时，我们可以这样说：

"我今天推荐的这款产品的牌子，大家肯定没有听过，因为这个品牌是前不久刚创立的。不过，大家不要因为它没什么知名度而小看它，因为它真的非常牛。这个牌子拥有很多项专利，很多大牌都找这个品牌提供技术服务……"

场景2

当推介的产品品牌影响力比较小时，我们可以这样说：

"我今天推荐的这款产品是××品牌旗下的，这个品牌的产品非常好用，只要用过的都会给好评。这个牌子都将钱砸在产品研发上，之前几乎都不做品牌推广，所以它的品牌知名度并不高。不过，正所谓'酒香不怕巷子深'，这个牌子肯定会火，趁着现在价格还不高，一定要多囤点……"

场景3

当推介的产品品牌在国外很知名，但在国内默默无闻时，我们可以这样说：

"我今天要推荐的是一款腮红，它的品牌是××。这个牌子国内很少有人知道，但是在国外，几乎没有人不知道，好莱坞巨星×××就是这个品牌的代言人……"

技巧点拨

技巧1：介绍品牌的发展历程

我们想要透彻地了解一个人时，往往会关注其成长经历。同理，我们想要了解一个化妆品品牌时，也会去了解这个品牌的发展历程。主播要想打消粉丝"我对这个品牌不了解"的顾虑，就要说一说品牌的发展历程。我们要将品牌的发展历程当成故事来说，故事的情节要跌宕起伏。如果粉丝听得津津有味，就会不自觉地对品牌产生信任感，继而将产品加入购物车。

技巧 2：介绍品牌获得的优异成绩

在别人做自我介绍时，如果介绍的内容像流水账一样，我们就会觉得非常无趣。相反，如果介绍的内容非常有趣，我们就会听得聚精会神，也会对这个人产生深刻印象。因此，我们在向粉丝推介一个不知名的品牌时，不要事无巨细地介绍，而要介绍该品牌获得的成绩，让粉丝产生更加深刻的印象。

技巧 3：将自己推荐的品牌与大品牌挂钩

对比是化妆品主播常用的手法之一。当推介的是一个默默无闻的品牌时，我们可以将其与大品牌做对比。这可以使粉丝认为我们推介的品牌与大品牌不相上下。此外，我们还可以将我们推介的品牌与大品牌建立联系，例如，这两个品牌有业务上的合作关系等。这也能在一定程度上打消粉丝"我对这个品牌不了解"的顾虑。

很多时候，明明主播的介绍足够精彩，但粉丝就是犹豫不决。这个时候，主播可以另辟蹊径，用巧妙的方法来促单。

38 "这款产品是明星同款！"——利用明星效应

所谓明星效应，是指将品牌与明星挂钩，邀请明星出席品牌活动、成为品牌代言人、使用品牌产品等，借助明星的影响力来树立品牌形象（见图5-6）。我们在做化妆品直播时，如果发现粉丝犹豫不决，就可以利用明星效应来巧妙促单。

图5-6 明星效应

明星是时尚、潮流的风向标，很多人都会关注明星的穿搭、妆容等。明星同款常常会受到粉丝的追捧，而不少明星也凭着自身的影响力成了"卖货之王"。尤其是知名度高的明星，其穿搭的衣服、使用的化妆品都会卖断货。因此，"这款产品是明星同款"成了化妆品直播间中最常出现的语句之一。

案例回放

某主播在推介一款睫毛膏时就利用了明星效应，他是这么说的：

"睫毛膏是化妆中必不可少的，它可以让我们的眼睛变得大而有神。我今天为大家推荐的是一款平价睫毛膏。它的价格不贵，但是用料、上脸效果比很多大牌产品还要好。用这款睫毛膏刷出来的睫毛根根分明，不会出现苍蝇腿。更重要的是，它防水防汗，哪怕在夏天也能让你的眼妆干净清爽。这款睫毛膏是明星化妆台上的常客，女明星×××、××都在用，她们还在自己的公众号上推过这款产品……"

解析

案例中的主播推介的是一款平价产品，他介绍了产品的使用效果，但这并不能打消所有粉丝的疑虑。在这种情况下，为了让粉丝尽快下单，主播利用了明星效应，以"明星们也在用"这个信息来间接地告诉粉丝这款产品很好用。

在不少人的认知中，明星使用的化妆品肯定非常不错。在这种想法的刺激下，很多粉丝都会不假思索地下单。

实战演练

场景1

当推介的产品是明星同款时，我们可以这样说：

"我今天推荐的这款产品是一个小众品牌的喷雾。你别小看它，它是很多明星的心头好，很多明星在拍戏、录节目的时候都会带上它。例如，女星×××在录制综艺节目《××××》的时候使用的喷雾就是它，女演员××在拍戏的时候对着脸猛喷的喷雾也是它……"

场景2

当推介的产品有明星代言时，我们可以这样说：

"女歌手×××，相信大家都知道。我今天推荐的这款产品就是她代言的，不管是私下，还是舞台妆，她使用的化妆品都是这个牌子的。"

技巧点拨

技巧1：以"明星同款"为噱头

明星出现在公众场合时，妆容都是精致的。正因为妆容好看，粉丝们才会不遗余力地扒出明星使用的口红是哪个色号，使用的粉底液是哪个品牌的。此外，明星与粉丝互动时，也会分享自己使用的化妆品。例如，入驻小红书的很多明星都会向粉丝推荐自己觉得好用的化妆品。

这些在明星身上或身边出现过的产品都可以被贴上"明星同款"的标签。在做化妆品直播时，我们也可以为产品打上"明星同款"的标签，利用明星效应来巧妙地促单。

技巧 2：介绍品牌代言人

企业找明星为自己的品牌代言，一是为了提升品牌的影响力，二是为了树立品牌的形象。明星为了履行代言人的职责，在生活中、工作中也会有意无意地向粉丝透露自己使用的产品就是自己代言的产品，这些产品往往会受到热捧。我们在直播间推介化妆品时，如果产品的代言人是明星，就很有必要花些时间介绍品牌的代言人。在明星效应的作用下，产品自然而然就销售出去了。

39 "已经有300位宝贝下单了！"——利用从众心理

有这样一种现象：很多人在看到别人疯狂抢购某个产品时，哪怕这个产品不是自己需要的，也会加入抢购的人潮之中。这种现象其实是由从众心理造成的。

从众心理是指个人受到外界影响，自己的思想、行为不由自主地向他人靠拢的心理现象（见图5-7）。这种心理能够促进销售，所以时常被用到销售当中。

在很多知名化妆品主播的直播间里经常可以听到主播说"已经有300名宝贝下单了""已经有800名宝贝下单了"。这样的话语每听一次，粉丝的心就会躁动一分，最后会情不自禁地下单购买。

图5-7 从众心理

案例回放

某主播在做某品牌口红预售时是这样说的：

"我今天推荐的是××品牌的口红，这款口红是哑光质地的，涂在嘴上真的超级好看、超显气质。这款口红是预售产品，所以价格要比平常的售价低很多，可以说是商家回馈新老顾客的福利产品。今天这款口红的预售数量是×千支，我说'三、二、一'就可以下单了。好，三、二、一，开始！"

过了一会儿，主播对粉丝说："已经有 × 百名宝贝下单了。"又过了一会儿，主播说："又有 × 百名宝贝下单了，现在还剩 × 百支口红，快没有了哦……"

主播每播报一次产品的库存量，就会迎来一波抢购小高潮，最后产品被抢购一空。

解　析

产品的销量可以折射出产品的性价比。当粉丝看到他人疯狂抢购某件产品时，脑海中就会产生"这件产品性价比超高"的念头，很可能稀里糊涂就加入了抢购大军。这就是从众心理的威力。

案例中的主播在推介产品时也利用了从众心理，时不时播报"已经有 × 百名宝贝下单了""又有 × 百名宝贝下单了"。每一次播报都会让粉丝产生紧迫感，粉丝会觉得再犹豫下去就会买不到了。

实战演练

场景1

直播时，我们可以将本就销量很好的化妆品分成两批来销售，分两批销售可以令第一批犹豫下单的人在第二批开抢时迅速下单。我们可以这样说：

"说了这么多，相信大家都知道这款产品有多好用了。今天，这款产品的库存只有×千套，抢到的宝贝肯定是赚到了。我说'开始'就可以开始下单了。好，开始！"

"已经有 × 百名宝贝下单了，还剩下 × 百套。"

"好了，已经抢完了。"

"大家在几秒内就抢光了宝贝，肯定还有许多人没有抢到。不要急，我们再加 × 千套。好了，现在可以开始抢了。"

"已经有 × 百名宝贝下单……"

场景2

当推介的化妆品不是那么畅销时，我们可以这样说：

"我介绍了这么多，大家对这款产品都了解了吧？今天这款产品，我给你们谈下来一个非常棒的福利，那就是前 × 百名购买的人可以得到赠品×××。好，现在就可以抢购了！"

"已经有 × 名宝贝下单了。"

"又有 × 百名宝贝下单了……"

技巧点拨

技巧 1：将畅销化妆品分批销售

分批销售适合用在比较畅销的产品上。大家对畅销的产品是比较心动的，但是也有些人会犹豫。主播要给这些犹豫的人制造紧张感，让他们知道"销售非常火热""再不买就真的没有了"。在第二次、第三次开售的时候，这些犹豫的人会果断地下单。

需要注意的是，分批销售的次数要控制在三次以内，次数过多就会令粉丝感觉到"被套路了"，不利于主播树立形象，甚至会让原本下单的粉丝退单。

技巧 2：利用各种福利促进销售

对于销量不佳或销量一般的化妆品，我们可以搭配各种福利来促进销售，如前 100 名购买者可以获得赠品等，这可以在一定程度上提升销量。在粉丝下单期间，主播可以时不时播报下单数量，并提醒粉丝下单数量马上就到设定的名额了，粉丝在从众心理的影响下也会跟着下单。有一点要注意，福利名额不能太少，小于但接近产品的库存量即可。

第六章

优惠折扣，
掀起直播间小高潮

直播购物是一种新兴的购物方式，目前仍处于发展阶段。尽管如此，一场直播带来的效益还是惊人的。其中最主要的原因之一，就是直播间的产品有着各种各样的优惠折扣。在做化妆品直播时，主播要想获得一个好的销售业绩，往往需要提供足够吸引人的优惠折扣。

第一节 节日促销，让粉丝看到大便宜

网购深受年轻人的喜爱，因为它可以让你随时随地买到世界各地的产品，并且价格也比实体店便宜。为了刺激消费，各个购物平台和商家都会策划众多的促销活动。直播购物作为网购的分支，促销活动也多种多样，而每一次促销都能掀起销售的高潮。

40 "新品上市，品牌超大力度活动！"

很多化妆品品牌都会做大量的促销活动，也会参与电商平台策划的各种活动。其中，新品上市促销活动就是最常见的促销活动之一。

如果推介的化妆品是新上市的产品，并且有很大力度的优惠，主播就可以将"新品上市，品牌超大力度活动"作为卖点。粉丝在感受到划算、便宜后，不用主播多费口舌，便会主动下单。

案例回放

某主播在推介某大牌新上市的产品时是这样说的：

"接下来推荐的产品是 ×× 品牌的口红，这款口红是新品，刚刚上市没多久。因为是第一次在我的直播间对外销售，所以品牌方给了我一个新品上市的优惠价，只要 ×× 元就能买下它。买过这个品牌口红的宝贝们都知道，它家只在'双十一'和'双十二'的时候有折扣，而且折扣力度都不大。这次给我的新品上市优惠活动价，可以说是超大力度的了。所以，你今天买它，肯定是赚到了，就算转手卖出去，也能小赚一笔……"

解 析

不管是电商，还是实体店，都会推出各种促销活动，因为促销不仅能够带动销售，也能提升品牌的人气。尤其是在推出新品时，促销活动会更多。这是因为，人们接受一个新事物往往需要一个过程，面对新品一般比较犹豫。案例中的主播在向粉丝推介新产品时，以"新品上市，超大活动力度"作为最大的卖点。为了让粉丝切实感受到划算，主播拿现在的活动力度和以往的活动力度做对比。当粉丝感受到货真价实的实惠后，自然就入手了。

实战演练

场景1

当推介的新品有折扣优惠时，我们可以这样说：

"××品牌的隔离霜，相信很多小伙伴们都买过。来，大伙说说，你们遇到过的最低折扣是多少？"

"我看了一下，大家遇到过的最低折扣是7折。"

"我今天推荐的这款隔离霜是××品牌的新款，才上市没多久。品牌方给了我一个新品上市的折扣价，比你们遇到过的最低折扣7折还要低……"

场景2

当推介的新品有赠品优惠时，我们可以这样说：

"我今天要推荐的化妆品是××品牌的新款面霜，今天在我直播间购买的小伙伴都赚到了，因为品牌方提供了赠品。这些赠品的总价值和面霜的价格差不多，也就是说，你今天享参加的是买一赠一的活动，这个活动力度是这个品牌超大的活动力度了。"

技巧点拨

技巧1：与老款产品的价格做对比

许多新品都是基于老产品开发的。但是，不少人都很恋旧，尤其是当前使用的化妆品非常好用，就很难接受新品。要想改变消费者的想法，就要让他们看到实惠。

在做化妆品直播时，为了突出卖点，主播可以将新品的优惠价与老产品的价格做对比。粉丝看到实打实的优惠后，不用主播提醒也会下单。

技巧2：帮助粉丝计算到底有多划算

大部分化妆品品牌每年都会做很多次促销活动，每次的促销方案也不太相同。我们要想让粉丝更直观地感受到划算，就要帮助粉丝计算到底便宜了多少。例如，某品牌新品上市的优惠活动是送赠品，我们可以根据赠品的克数，参考新品的价格，计算出赠品的价值。这样，粉丝就能清楚地知道究竟自己获得了多少优惠。

41 "情人节（妇女节），女人要多爱自己一点！"

每年的情人节、妇女节，各大电商都会推出促销活动，直播间内的产品也有优惠折扣。但是，相较于"双十一"或"年中大促"等大型的促销活动，情人节、妇女节促销活动的优惠力度要小很多。在这种情况下，主播就不能把重点放在优惠力度上了，而要放在情感上。主播要把"女人多爱自己一点"作为主题（见图6-1），把优惠力度作为辅助。

图6-1 情感营销

案例回放

某电商平台在 3 月 8 日策划了一场以"女神节"为主题的促销活动，优惠力度并不大。某主播在直播间推介化妆品时是这么说的：

"今天是 3 月 8 日，是女神们的节日。这一天，我们当然要在直播间买买买！因为，每个女人都应该在今天多爱自己一点。我今天主推的化妆品就是这套水乳，虽然它有点小贵，但是真的巨好用，效果也是可以看得见的！我们辛辛苦苦一整年，是时候买点好的犒劳一下自己了。因为今天是'女神节'，品牌方给了我们一个'女神价'，只需要 ××× 元，你就能将它带回家……"

解 析

情人节、妇女节营销活动的主要对象是女性，因此我们要站在女性的角度去思考：在这个节日，她们最渴望什么？答案是爱。案例中的主播在推介产品时，以"女人多爱自己"为主题，在引起粉丝的共鸣后，才开始推销产品。等粉丝意动的时候，主播再强调产品的优惠力度。先前被主播的感性话语挑动的粉丝在感受到价格的实惠之后，会毫不犹豫地下单。

实战演练

场景1

在情人节做化妆品直播时，我们可以这样说：

"今天是情人节，我直播间里所有的化妆品都有折扣。如果你有爱的人，一定要为他（她）买买买，如果你还没有爱的人，那就自己爱自己，为自己买买买。我接下来推荐的这款产品是精华液，它的原价是×××元，优惠后的价格是×××元……"

场景2

在妇女节做化妆品直播时，我们可以这样说：

"今天是妇女节，来我直播间看直播的都是懂得爱自己的宝贝。你究竟有多爱自己，就要看你今天有多舍得为自己买买买了。再告诉宝贝们一个好消息，今天直播间里的所有产品都有一个非常不错的折扣哦！我直播的第一件产品是××品牌的卸妆乳，它原价×××元，优惠后的价格是×××元……"

技巧点拨

技巧1：用"女人多爱自己一点"引起粉丝共鸣

"男主外，女主内"是一种传统思想，在不少家庭中，女性为家庭付出的时间比男性要多得多，其中一大部分女性还会进入职场，分担家庭的经济压力。因此，很多女性都会感到来自身体和心灵上的疲惫，内心十分渴望有人能关心自己。

在做化妆品直播卖货时，主播可以向粉丝传播"我理解女性身体、心灵上的疲惫"这一信息，获得粉丝的信任。同时，主播也要向粉丝传达"女人多爱自己一点"的理念，去引起粉丝的共鸣。当然，我们也不能忘了节日的优惠折扣。在信任、共鸣、优惠的多重围攻下，粉丝不知不觉就会下单。

技巧2：先报原价，再报优惠价

情人节、妇女节的促销活动优惠力度虽然不大，但是比起产品的原价，肯定要划算很多。而最直观地让粉丝感受到实惠的方法就是将产品的原价和优惠价做对比，令粉丝一眼看出优惠了多少。通常来说，我们可以先报产品的原价，再报优惠价，这样的报价方式能让粉丝感受到价格的划算。

42 "双十一（双十二），全年全网超低价！"

"双十一"是各大电商平台都会参与的网络购物节，时间是每年的11月11日。在这一天，各大电商平台都会推出大型促销活动，而且优惠力度一般是非常大的。在"双十一"之后，还有一个"双十二"，其优惠力度也很大。

在"双十一"和"双十二"活动期间内，卖货主播可以将"全年全网超低价"作为最大的卖点，向粉丝强调、强调、再强调！

案例回放

"双十一"促销活动期间，某主播是这么向粉丝推销产品的：

"辛辛苦苦等了一年，'双十一'终于来了。今年'双十一'的优惠力度依然没有令大家失望。我今天直播的所有产品的价格可以说是全年全网超低价！"

"我今天直播的所有产品都参与了平台的优惠活动，今年平台的优惠方案有哪些呢？首先是跨店满减活动，跨店购买×××元可立减×××元；然后是积分兑换红包……我今天直播的产品，品牌方推出的优惠方案也让人惊喜连连哦！"

"我今天直播的第一件产品是××品牌的卸妆水，它的功效有……"

主播在介绍完产品的功效、成分、品牌等信息后，继续说："这是我今天直播的第一件产品，自然要来个开门红。这款产品有多重优惠，首先是满减，购满×××元立减×××元，其次是满赠，购满×××元可享赠品……"

在末尾，主播总结说："这个价格是全年全网超低价，要是错过，就要等到明年'双十一'了，并且也不能保证品牌方在明年'双十一'能给出相同力度的优惠……"

解　析

案例中的主播将直播内容分为五段，第一段是向粉丝说明今天直播的产品的价格是全年全网超低价，第二段是介绍"双十一"的优惠方案有哪些，第三段是介绍产品的信息，第四段是介绍品牌的优惠方案，第五段是强调产品的价格是全年全网超低价。

主播采用了总分总的结构，开场先引起粉丝期待，然后分别介绍优惠方案和产品信息，让粉丝更直观地感受到优惠和产品的优点，末尾的总结与开场相呼应，让粉丝对优惠力度产生认同感，粉丝一定会迫不及待将产品放入购物车。

实战演练

场景1

在"双十一"期间做化妆品直播时，我们可以这样说：

"'双十一'期间的促销活动，不用我说，宝贝们都知道每一件产品都是全年全网超低价。今年'双十一'平台的优惠方案有……而今天出现在我直播间的所有化妆品也是优惠重重。为了感激宝贝们对我的支持，今天每直播一件产品，我都会给大家发大红包哦！我今天直播的第一件产品是××品牌的眼霜，它的优惠方案是……"

场景2

在"双十二"期间做化妆品直播时，我们可以这样说：

"'双十一'的时候，很多小伙伴没抢到自己喜欢的产品。不过不要紧，'双十二'又来了，优惠力度一点也不输'双十一'哦！平台的优惠方案有……品牌方的优惠方案有……"

技巧点拨

技巧1：陆续报出优惠方案

"双十一"或"双十二"期间，既有平台的优惠方案，也有品牌方的优惠方案，很多主播也会推出各种福利和优惠。我们可以按照优惠力度陆续向粉丝介绍优惠方案，逐步调动粉丝的情绪。在多重优惠方案的刺激下，不需要主播帮忙计算，粉丝就能认识到价格究竟有多么划算。

技巧2：强调全年全网超低价

在"双十一"或"双十二"期间，很多产品的价格确实是全年全网超低价。但是，有时候因为花销太多，或者优惠后的价格依然很高，粉丝意识不到产品的价格是全年全网超低价。因此，主播每推荐一款产品，就要向粉丝反复强调产品的价格是全年全网超低价。

技巧3：告诉顾客错过就要等一年

"双十一"或"双十二"期间的优惠力度很大，很多人都会"囤货"。随着花费的增多，人们会控制自己的购物欲望。主播需要告知粉丝，错过了今天的这个价格就要等上一年。为了刺激粉丝下单，主播也可以向粉丝传达"明年的优惠力度可能不会像今年这么大"这类信息。

优惠是做化妆品直播卖货时最大的噱头之一，它聚集粉丝的能力是惊人的。不过，优惠大放送也是有技巧的。做得好，产品才能源源不断地卖出去；做得不好，产品同样会滞销。

43 把握节奏，不能一下子就把惊喜送完

许多知名化妆品主播在直播时，除了介绍厂商提供的优惠，自己也会时不时给粉丝发福利，如送赠品、发现金红包等（见图6-2）。不过，这些福利不能一下子发完，因为一下子发完就无法留下粉丝观看接下来的直播。因此，主播必须把握发福利的节奏，时不时给粉丝制造惊喜。

图6-2 直播中送出的优惠和福利

案例回放

　　某主播是新人，每次直播的时候，粉丝数量都不多。为了留住粉丝，提升人气，每一场直播时，他都会给粉丝发福利。他的福利分为两种，一种是免单，另一种是现金红包。

　　例如，该主播在直播间推介一款化妆品时告诉粉丝，前 10 名下单者可享受免单。一时之间，粉丝都争先恐后地下单。

　　在直播的过程中，主播会有节奏地给粉丝发送现金红包。每一次发红包的总金额不算少，但分摊到抢到红包的粉丝手中之后，金额就不大了。尽管如此，这个方法还是有效地留下了大量的粉丝观看整场直播。

解　析

　　粉丝都清楚，主播发放的福利是有名额限制的，就像买彩票一样，自己不一定能中。但是，如果不参与，就一定不会中。粉丝们抱着"说不定我能中"的想法，不知不觉就看完了整场直播，也下了好多单。

　　给粉丝发福利是主播保持直播间人气最常用的技巧之一，但是这个技巧要运用得当。就像案例中的主播，他时不时给粉丝制造一些惊喜，吸引粉丝看完了整场直播。

实战演练

场景1

当希望用优惠来留住粉丝时，我们可以这样说：

"今天我安排了很多小惊喜给大家，只要观看我的直播，都能享受到实打实的优惠，先透露第一个小惊喜，就是免单。我今天推荐的第一款产品是……"

场景2

当发放的福利是现金红包时，我们可以这样说：

"我今天给大家准备了 × 千元的红包，我会分 × 次发出去。每一次发红包的数字口令我都藏在之前的直播内容当中。所以，要想抢现金大奖，一定不能离开我的直播间哦。"

技巧点拨

技巧 1：制造悬念，不具体揭露福利

我们在看电视剧时经常会发现每一集的结尾都会留下悬念，这些悬念能引起我们的好奇心，让我们追着往下看。在做化妆品直播时，我们也可以利用福利来制造悬念，以此引起粉丝的好奇心，让粉丝能长时间地观看直播，最终实现销售目的。

制造悬念最简单的方法之一就是告诉粉丝有福利，但不具体揭露福利是什么。粉丝在好奇心的驱使下，自然会观看整场直播。

技巧 2：根据点赞数来派发福利

很多主播在派发福利时会告诉粉丝具体的时间点，在这个时间点前后会涌入很多的粉丝，也会掀起直播间的小高潮。但是，等福利派发完之后，涌进来的粉丝必然会离开一部分，这个结果与我们派发福利的初衷是相悖的。我们派发福利的目的是让粉丝长时间地留在直播间里。因此，我们可以不告诉粉丝福利的具体派发时间，并根据直播间的点赞数来决定派发的时间。

许多直播平台都有点赞功能。主播可以告诉粉丝，当点赞数达到一个具体的数字时，就会派发福利。如此，粉丝便会在直播间一边点赞，一边观看直播。

44　多强调优惠信息，引起粉丝的注意

直播间里面的粉丝的流动性是非常大的。当新粉丝涌入直播间时，可能主播已经讲完了产品的具体信息和优惠。对于产品的具体信息，粉丝可以自行通过链接查看，而产品的优惠信息则需要主播来告知。主播要多次地说明、强调优惠信息，这样才能吸引、留住新粉丝。

此外，当粉丝花费已经不少或者看到产品的价格过高时，下单的意愿就不会很强，这个时候主播也要多强调优惠信息。

某主播是淘宝的人气主播，每当有一定数量的粉丝涌入直播间，他都会强调一番优惠信息。他强调的优惠信息主要有两类，一类是具体产品的优惠，另一类是贯穿整场直播的优惠。

主播在推介一款化妆品时是这样说的："刚刚看了一下，有很多宝贝发信息问我这款产品有哪些优惠，我再说一下，这款产品买二送一，前 10 位下单的宝贝还能免单哦！并且，当直播间的人数达到指定人数后，我会为大家发放各种福利。"主播一次次地强调优惠信息，直播间的人数也持续升高。

直播间里面的观众可以分为两类：一类是奔着某件产品而来，因为很多主播在一场直播结束后会预告下一场直播的产品有哪些；另一类是随机进入直播间的，没有明确的购物目标。前者会常驻直播间，而后者在进入直播间后，如果看到的产品不是自己需要的，就会离开。对于后者，我们要用优惠信息来挽留他们，因为大多数人都偏爱物美价廉的产品。

案例中的主播多次强调产品的优惠信息，同时有规律地强调直播间提供的额外优惠。原本打算随便看看的粉丝在听到各种优惠信息后，哪怕产品不是自己需要的，也会忍不住心动。

实战演练

场景1

面对新涌入的粉丝，我们可以这样强调优惠信息：

"我看了一下，刚刚有很多小伙伴进了直播间，先不要急着离开，听我说一说我手上这款产品的优惠有哪些。这款产品的优惠有……我开播这么长时间了，几乎没有见过这款产品有这么大的优惠。"

场景2

面对犹豫不决的粉丝，我们可以这样强调优惠信息：

"观看过我直播的人应该都知道，这次的优惠力度真的很大，就像这款产品，品牌方提供优惠的同时，我也会给大家送福利。品牌方给的优惠有……我自己送给大家的福利有……今天购买这款产品，真的超级划算，这样的优惠力度在以后很难再出现了。"

技巧点拨

技巧1：有规律地强调优惠信息

每件产品的直播时间都是限制的，一件产品占用过多时间，后面的产品就无法上镜或者上镜时间大大缩短，这既不利于产品的销售，也会让合作方不满。因此，我们要控制强调优惠信息的次数。例如，一件产品的直播时间是10分钟，我们可以将强调优惠信息的次数控制在5次左右。

此外，我们也可以根据新入场的粉丝数量来强调优惠信息。例如，如果在2分钟内新入场的粉丝屈指可数，就没有必要强调优惠信息。

技巧2：完整地介绍优惠信息

我们可以分两个方面来介绍优惠信息，一是品牌方提供的优惠，二是直播间提供的额外福利。将优惠信息有条理地列出来，并且完整地说明，才能让粉丝更直观地感受到优惠力度。

45 "每人限购一套！"——让粉丝知道销售很火爆

不论是网店，还是实体店铺，都会打着"限量"的旗号来做营销。例如，尽管限量版的奢侈品价格很贵，但仍然有很多人争先恐后地去买。再如，新上市的手机限量发售，但不少忠实粉丝宁愿提前很久去排队，也要将其买到。这就是所谓的饥饿营销。

在化妆品卖货直播中，饥饿营销的手法也很常见，最典型的就是"每人限购一套"。这类信息可以让粉丝觉得产品的销售很火爆。如果将限量与优惠相结合，其产生的效果会更显著。

案例回放

有一款护肤品出自大品牌，但销量一直不太好。主播在与品牌方商量后，制定了一套优惠方案。该主播在推介这款产品时是这么说的：

"我今天推荐的这款水乳的主要功效是保湿，它简直是干皮的救星，成分也都是纯天然有机植物提取物。这款水乳的官方售价是××元，但今天在直播间，只要××元就能买下，并且我们还赠送一支该品牌的口红，这支口红的官方售价是××元。因为优惠力度太大了，品牌方几乎是亏本在卖。因此，每人限购一套。宝贝们，如果你们想多买几套，赶紧换号买，再晚一点就被抢完啦！"

这款原本销量不佳的产品在这场直播中取得了一个非常不错的销售成绩。

解 析

饥饿营销背后的道理非常简单——物以稀为贵。如何营造稀缺感呢？打出"限量""限购""秒杀"等口号都非常有效（见图6-3）。

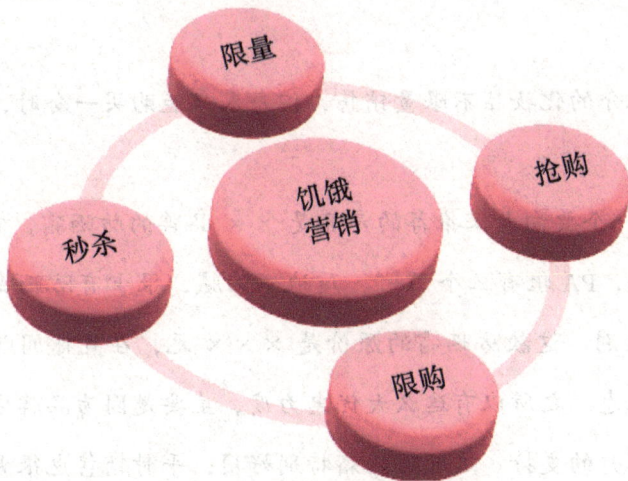

图6-3 饥饿营销的常见手法

举一个简单的例子，一场直播观看的人数上万，而产品只有1000件，且每人限购一件，每个人抢到产品的概率大约只有十分之一，这能让粉丝产生一种销售非常火爆的错觉，继而产生购买的欲望。

当然，光打出"每人限购一套"的口号还不够，还要提供更多的优惠，在优惠和限购的双重刺激之下，粉丝才会争先恐后去购买。

实战演练

场景1

当推介的产品限量销售时，我们可以这样做铺垫：

"我接下来要介绍的产品，大家要拼手速抢了。这款产品的优惠力度超级大，品牌方只准备了×千套在直播间销售，并且每人限购一套。谁的手速够快，谁就能抢到。这款产品的优惠是……"

场景2

当推介的化妆品不限量销售，但每人只能购买一套时，我们可以这样说：

"下一个要向大家推荐的产品是××品牌的防晒霜，它的SPF值是50+，PA值有三个'+'，质地不油腻，很少有防晒霜能做到它这个级别。这款防晒霜的原价是×××元，在直播间购买可享受半价优惠。之所以有这么大优惠力度，主要是因为品牌方想要回馈新老客户的支持。这款防晒霜特别好用，平时销售也很火爆，所以每人只能买一支。"

技巧点拨

技巧 1：告诉粉丝优惠之后的利润接近于零

产品为什么要限购？最主要的原因就是优惠力度太大，几乎没有利润。我们在向粉丝介绍产品时，一定要着重介绍优惠信息，告诉粉丝优惠之后的利润极低或者接近于零。"每人限购一套"的说法与优惠力度相呼应，既能营造产品销售火爆的气氛，也能激发粉丝的购物欲望。

技巧 2：提醒粉丝换账号购买

"每人限购一套"是卖货直播常用的手法之一。虽说限购，但主播打心底希望粉丝多多购买，这样才能创造漂亮的销售业绩。因此，在产品没有限量销售的情况下，主播可以提醒粉丝换账号购买。经过这样的提醒，那些原本只打算买一套的粉丝可能会多买几套。

粉丝明明很动心，也下了单，但就是迟迟不付款。这种现象说明，粉丝心中有一个天平，正在买与不买之间剧烈地摇摆。如何帮助粉丝下决心呢？答案是直击粉丝的痛点。

46 再次强调优惠信息，点明不买的"损失"

我们要想一想粉丝下了单但付款时犹豫不决的原因是什么。

首先，这款产品对粉丝来说也许并不是刚需。化妆品是消耗品，很多人都会在产品快要用完的时候才去买。如果正在使用的产品还剩下许多或者手上有存货，粉丝即使对产品的优惠力度感到心动，也会咬牙不买。

其次，粉丝也许有经济压力。造成经济压力的原因可能是花销太多，也可能是产品的价格过高。这些都会让优惠的吸引力大打折扣。

面对这样的情况，主播要向粉丝再次强调优惠信息，并点明不买的"损失"。

案例回放

某主播每一场直播都很火爆，销售业绩非常好。粉丝喜欢在她的直播间买东西是因为她直播的化妆品都有很大的优惠。她在推介一款粉底液的时候是这么说的："之前很多宝贝希望我推荐一款清爽、好用的粉底液，主播经过大量的测评后，终于发现了手上的这一款，它是××品牌的粉底液。这款粉底液采用的是草本植物提取物，涂在脸上冰冰凉凉，妆感很薄……最重要的是，我给大家谈了一个巨实惠的好价格。你在官网买一瓶需要×××元，但在本直播间花相同的钱可以买两份。是的，这款产品的优惠是买一送一！今天买，简直不要太划算！"

主播让工作人员发出产品链接后，催促粉丝赶紧下单："宝贝们，你们还有什么好犹豫的？买一赠一啊，相当于5折就能买到一瓶。今天这个价格是超低价，以后都不太可能会有这个价格了。今天错过了，那就是真的错过了。等优惠活动结束后再来买，你就知道今天的损失有多大！"一些犹豫的粉丝纷纷下单。

👆 解 析

物美和价廉都是消费者的痛点。主播一方面要向粉丝夸赞产品的优点，另一方面要向粉丝强调价格的实惠。在向粉丝强调价廉时，我们可以从两个角度去说，一是介绍优惠，二是强调不买的"损失"。

案例中的主播在面对犹豫不决的粉丝时，除了强调优惠力度，也一遍遍地提醒粉丝不买的"损失"。粉丝听得多了，内心就会产生一种"不买真的是损失"的感觉，购买的欲望会更加强烈。

实战演练

场景1

当从优惠的角度来强调不买的"损失"时，我们可以这样说：

"我今天给大家推荐一款面霜，这款产品已经在我的直播间出现很多次了，它有多好用，成分有多安全，不用我说大家都知道。"

"对于这款面霜，我们之前给出的最低折扣是7折，但今天的折扣是6折，并且还赠送给大家两支小样，这两支小样的分量加在一起相当于面霜的一半。今天这款面霜的折扣是我开播以来的超低折扣，而且品牌方还特意提供了赠品。这样的优惠，我可以明确地告诉你们，今天是第一次，恐怕也是最后一次。所以，你今天不买肯定是损失。"

场景2

当结合产品本身和优惠来强调不买的"损失"时，我们可以这样说：

"我今天推荐的这款精华液的主要功效是美白淡斑。只需要两个星期，你的皮肤就能白上一个度，并且脸上的斑也会淡下去很多。这款淡斑精华的成分有……这款产品有多牛，你只有用过才知道。这款产品原价×××元，现在只要一半的钱就能买回去。宝贝们，不管是功效，还是今天我们提供的优惠，都让这款产品物超所值。如果你不买，就是和美丽说再见……"

技巧点拨

技巧1：总结产品以往的优惠力度

品牌方会推出很多促销活动，而且每一次活动的优惠力度都不同。在产品优惠后的价格比以往都便宜的情况下，主播可以总结产品以往的优惠力度，这样做既可以让粉丝意识到这一次活动的优惠力度，也能让他们意识到不买是一种"损失"。

技巧2：巧妙提醒粉丝可以"囤货"

有时候粉丝对优惠力度很满意，对产品也很心动，但就是犹豫不决，这很可能是因为产品不是其刚需。在这种情况下，我们可以向粉丝传递"化妆品是消耗品"的信息，告诉粉丝产品的保质期很久，不妨先"囤货"，之后再强调优惠力度，点明不买的"损失"，促使其下单。

47 用倒计时制造紧张感

在参加考试的时候，越接近考试结束的时间，我们的答题速度就越快，这是因为我们的紧张感越来越强烈。在促销活动期间，越接近促销结束的时间，我们就越不假思索地下单，这也是因为紧张感（见图6-4）。

图6-4 用倒计时制造紧张感

案例回放

　　某主播在推介一款预售面膜时是这样说的："在开场的时候，我跟大家说过今天给大家准备了一个福利。没错，就是我手上的这款面膜。这款面膜是 ×× 品牌新研发出来的，它的功效是补水保湿，成分都是纯天然有机物提取物。我这些天都在用这款面膜，才贴了三片，脸上就很水润了。"

　　主播说完后，将脸移到了镜头前，给粉丝们看自己用后的效果。之后，主播继续说："买过这个品牌面膜的宝贝们肯定都知道，它家的面膜都不低于 ×× 元一盒。但今天，品牌方为了宣传和推广新品，给了大家一个白菜价，只需要 ×× 元。因为价格实在太低了，所以我们只能给大家 5 分钟的抢购时间。宝贝们，趁还没有开抢，赶紧把你的朋友拉入直播间。"

　　主播给粉丝一点时间去拉人，直播间里面的人数持续增加。人数趋于稳定后，主播才继续说："好了，我们的工作人员已经发出了链接，宝贝们可以抢了。现在是8点45分，到8点50分，活动就结束。"

"现在离结束还有3分钟，还没有下单的宝贝赶紧下单。"

"现在离结束还有1分钟。宝贝们，你们再犹豫下去，活动就真的要结束了。"

"现在离结束还有30秒，没有付款的宝贝赶紧付款。"

"10、9、8……"

主播每说一个数，粉丝就紧张一分。在活动结束之前的30秒内，粉丝纷纷下单购买，在这个时间段的下单人数远远超过前几分钟。

解析

倒计时是一种非常有用的手段，但前提是优惠力度要足够大，这样粉丝才会觉得有抢购的必要性。案例中的主播详细介绍了产品的功效、优惠力度，待粉丝心动之后，又抛出了倒计时这枚炸弹。这让原本有些犹豫的粉丝瞬间紧张起来，等倒计时结束后，他们才猛然意识到自己已经不由自主地下了单。

在倒计时结束后，难免出现退单的现象。为了防止粉丝大量退单，主播可以在活动结束后再强调一番优惠信息，点明抢到就是赚到。这样说相当于给粉丝吃了一颗定心丸，他们就不会觉得自己是在不理智的情况下购买的了。

实战演练

在直播间推出限时优惠活动时，我们可以这样倒计时：

"今天直播的每一件化妆品都是我们精挑细选出来的，每一件产品的价格都是超低价。现在距离直播结束还有 15 分钟，刚进直播间的宝贝可以看一看直播间的产品链接，有喜欢的一定要抓紧时间拍。"

技巧点拨

技巧 1：越接近结束时间，倒计时播报就越频繁

播报倒计时不能想什么时候播报就什么时候播报，应该有一定的规律。我们可以将抢拍时间分为三个阶段，并逐渐提高倒计时的播报频率。在最后一个阶段，即使不播报倒计时，粉丝也会感到紧张，此时频繁播报，粉丝会感到更加紧张，紧迫感会更强，也许来不及思考就下了单。

技巧 2：在播报倒计时的同时巧妙地提醒粉丝下单

我们不能只顾着播报倒计时，还要巧妙地提醒粉丝赶紧下单。我们可以先说产品的优点，让粉丝认知到产品的优秀之处；再说优惠信息，让粉丝认识到不买就是损失；最后直接催促粉丝下单。在播报倒计时的过程中，紧张感会让粉丝的思维放空，此时催促下单就像给粉丝发出一条不可抗拒的指令。

48 "只剩最后100套！"

在直播间内时常会听到"还剩 ×× 套"这类的话，每次主播说完，直播间就会迎来一个销售的小高潮。

其实，这也是一种营销手段，它的作用与倒计时相同，都是给粉丝制造紧张感。主播播报的产品数量越来越少，粉丝的紧张感就越来越强。

需要注意的是，将"只剩 ×× 套"的话语与优惠相搭配，产生的效果会更好。

案例回放

某主播向粉丝推介一款眼霜，介绍完产品的信息后，他对粉丝说："今天这款眼霜只需要 ×× 元，算一算是原价的 6 折。并且，我们还赠送给大家一套这个品牌的水、乳、精华小样。这样的优惠是很难见到的，你在这个品牌的官网或者其他主播的直播间，都不可能以这个价格买到手。因为折扣力度太大了，品牌方只给了我 1 万套，能不能抢到，就看大家的手速了！"

说完后，主播让工作人员发出了产品链接。在主播的提醒下，粉丝开始下单。

主播一边观察下单量，一边对粉丝说："30 秒过去了，目前还剩

5000 套。宝贝们，你们再犹豫一会儿，就被抢光了。"主播的话刚说完，库存量直线下降。

"还剩 1000 套，还剩 500 套……"

"宝贝们，只剩下最后 100 套了，再不下单就真的没有了。"

"现在只剩 20 套、5 套、1 套，好了，已经抢光了。"

1 万套产品在极短的时间内销售一空。

解 析

播报产品库存量与播报倒计时有异曲同工之妙。随着库存量越来越少，播报的频率越来越高，粉丝的紧张感也越来越强烈，来不及多想就下了单。

这种手法通常要搭配足够大的优惠力度，这样粉丝才会感受到产品的稀缺性。倘若没有大的优惠，在任何时间都可以买到，播报库存量也就没有意义了。案例中的主播非常明白这个道理，他每播报一次库存量，都会掀起一场销售小高潮。库存量越少，销售的速度就越快。

实战演练

如果推介的产品有免单福利，我们可以这样说：

"这款产品除了品牌方提供的优惠外，我还会额外送出福利，凡是整百购买的宝贝都可以享受免单福利。这款产品的库存量是1000套，链接已经发出来了，大家可以开抢了！"

"现在还剩下934套、817套、713套……还剩下105套、49套……"

"这样吧，最后三位下单的宝贝，也可以免单！"

"现在只剩下10套了。"

"好了，已经卖完了。"

技巧点拨

技巧1：合理设定产品的数量

产品库存量需要结合多个因素设定，如产品的影响力、直播间的人数、优惠力度等。一般来说，宜少不宜多，因为产品只有在短时间内卖完，才能体现出产品的受欢迎程度。如果产品在短时间里不能销售一空，粉丝就会意识到这款产品没那么受欢迎，而已经下了单的粉丝也产生各种疑虑，质疑产品的功效、优惠力度等，很可能会退单。

技巧2：如果销售速度很快，可以加一批货

如果产品在极短的时间内卖完，就意味着产品真的很受欢迎，而且还有很多粉丝没有抢到。这个时候，我们可以适当地增加一批产品，让粉丝继续抢购。当然，新增加的这批产品的数量也是宜少不宜多。

　　以李佳琦为例，他直播的每一件产品都是限量的。对于那些瞬间被秒光的产品，他会适当地加一批货，不过这一批的数量会远远少于第一批，因此很快又会被抢购一空。这种刻意营造出来的销售异常火爆的场面有利于后续的销售。

第七章

最后一分钟，
为直播画下完美句点

如果产品很多，一场直播下来，主播往往要说上好几个小时。越是临近直播尾声，主播就越疲惫，越不想说话。不过，身为化妆品主播，我们必须意识到，只有细致经营，才能获得长远的发展。我们要重视直播的每一个时间段，尤其是结尾。

一场直播长达数个小时，中间会有粉丝进入直播间，也会有粉丝离开。能将一场直播全部看下来的绝对是潜在的大客户。因此，在直播的结尾，我们一定要展开"固粉"行动，把粉丝变成自己的"死忠粉"。

49 用一个漂亮的结束语收尾

一篇高分作文必然开头和结尾都很精彩。同理，一场高品质的化妆品直播同样需要一个精彩的开场和一个漂亮的结尾。精彩的开场白能博得粉丝的好感，吸引粉丝的注意，而漂亮的结束语则能让粉丝对主播的好感更加强烈。

越接近直播结束，观看的人就越多，其中不乏多次下单的大客户。结束语说得足够漂亮，就能把"路人粉"转变为"死忠粉"。

案例回放

某主播的直播风格很独特，本人也很敬业，很有人格魅力。更重要的一点是，该主播非常"宠粉"，每次都会用一个漂亮的结束语收尾。

有一次，直播结束时，他是这样说的："我的这场直播从昨天晚上

8点到今天凌晨1点，整整有5个小时。大家陪伴了我这么久，真的太谢谢了！以后的每一场直播，我都会继续为大家推荐好用、实惠的化妆品，帮助大家省钱。好了，今天的直播到这儿就结束了，宝贝们快点去休息吧！明天的直播不见不散！再次谢谢你们，再见！"

解 析

结束语必不可少的一个主题就是感谢。案例中的主播在收尾时向粉丝表达了感谢，而且每一句话都很真诚。他没有将粉丝视为顾客，而是将粉丝视为朋友，所以他才说"陪伴了我这么久"，而不是说"照顾我的生意这么久"。相较于后者，前者更加真诚，更容易打动人心。同时，主播也向粉丝表达了关心，叮嘱粉丝早点休息。这些话语对粉丝来说都是非常贴心的。

实战演练

如果结束语的主题是关心粉丝，我们可以这样说：

"这场直播，从昨天傍晚天还没黑就开播，到今天凌晨才结束，有很多宝贝都是从头看到尾的。当然，还有那些中途进来的宝贝们，也陪着我做完了整场直播。感谢大家这么长时间的陪伴。至于今天直播的产品，宝贝们可以看回放，如果有看中的产品，可以联系客服，只要备注主播的名字，就能享受相同的优惠。好了，今天的直播到这里就结束了，宝贝们早点休息，不要再玩手机了哦！"

技巧点拨

直播结束语一般包含三个方面的内容，如图 7-1 所示。

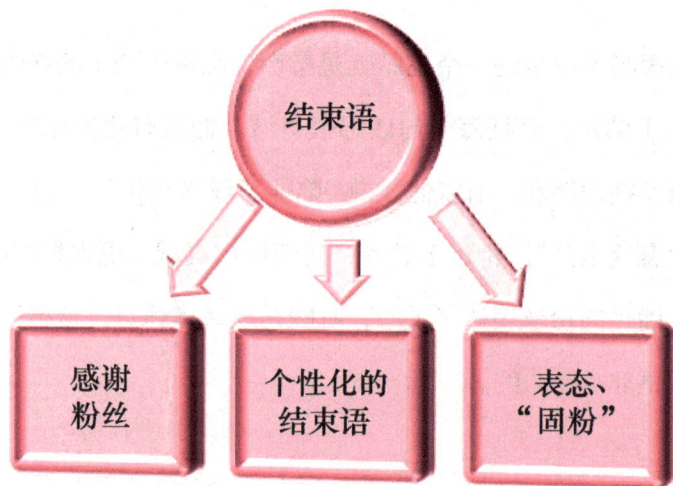

图7-1　直播结束语

技巧 1：结束语尽量以感谢、关心为主题

我们可以感谢粉丝购买产品，感谢粉丝长时间驻留在直播间，感谢粉丝对自己的支持。我们也可以关心粉丝对产品的需求，关心粉丝的身体。只要我们的话语足够真诚，粉丝就会感到温暖，并对我们产生好感。

技巧 2：用个性化的结束语吸引粉丝关注

在向粉丝表达感谢和关心的同时，主播也可以说几句个性化的结

束语，加深粉丝对自己的印象，如"关注××不迷路""关注
×××，×××帮你选好货"等。

技巧3：向粉丝表态，以实现"固粉"

主播在收尾的时候也可以适当表态，例如，说自己以后要帮粉丝
选出更多好用实惠的产品，说自己以后要做一名宣传正能量的主播，
等等。主播展现自己积极的态度，也能获得粉丝的好感，实现"固粉"。

50　别忘了为下一场直播做预告

预告的目的，一是告知粉丝下次直播的时间，二是吸引粉丝继续
观看。预告的内容主要分为三个方面，一是直播时间，二是直播产品，
三是直播间优惠与福利（见图7-2）。

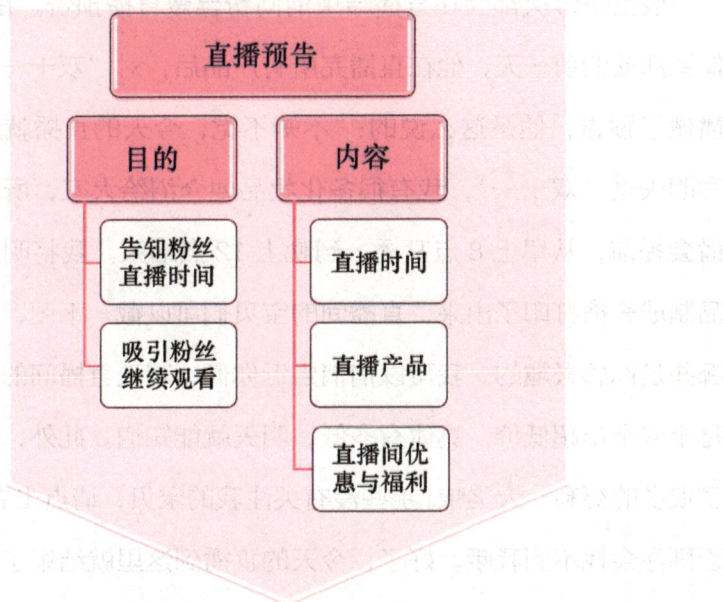

```
                    ┌──────────────┐
                    │   直播预告    │
                    └──────────────┘
              ┌───────────┐   ┌───────────┐
              │   目的     │   │   内容     │
              └───────────┘   └───────────┘
              ┌─────────┐     ┌─────────┐
              │告知粉丝 │     │直播时间 │
              │直播时间 │     └─────────┘
              └─────────┘     ┌─────────┐
              ┌─────────┐     │直播产品 │
              │吸引粉丝 │     └─────────┘
              │继续观看 │     ┌─────────┐
              └─────────┘     │直播间优 │
                              │惠与福利 │
                              └─────────┘
```

图7-2　直播预告的目的和内容

185

直播的时间并不是完全固定的，如果主播不预告下次直播的时间，老粉丝就会忘记去捧场。预告下一场直播的产品能让对这些产品感兴趣的粉丝早早来到直播间。至于下一场直播的优惠和福利，我们不需要完全说出来，透露一下优惠力度就行，因为这样做更能制造神秘感，让粉丝在好奇心的诱使下主动来到主播间。

案例回放

某知名化妆品主播拥有大量的粉丝。他拥有帅气的外表，很多电视台都邀请他参加节目。此外，对于直播的化妆品，他都会一一测评。种种原因导致他直播的时间不太固定。

该主播每次都会在直播结束前向粉丝做直播预告。在"双十一"促销活动的前一天，他在直播完所有产品后，对"双十一"那天的直播做了预告，他是这么说的："不知不觉，今天的直播就结束了。因为明天是'双十一'，我有很多化妆品要介绍给大家，所以明天的直播会提前，从早上8点开播，到晚上12点结束。我将明天直播的产品制成表格打印了出来，直播间的宝贝们可以截一下图，看看里面有哪些是你感兴趣的。我可以悄悄告诉你们，明天直播间的所有产品都是全网全年超低价。具体有多低，明天就能知道。此外，我们还准备了很多的福利、大奖哦。那些没有关注我的宝贝，请点击右上角关注，否则你会找不到我哦。好了，今天的直播到这里就结束了，谢谢大家对我的支持，我们明天早上8点不见不散。再见！"

解 析

直播间每天都会涌入大批新粉丝。如果我们的直播时间是固定的，那么老粉丝会在固定的时间进入直播间，但新粉丝却不知道，尤其是那些忘记关注主播的新粉丝，他们很难在茫茫主播中找到我们。因此，在直播的结尾做一下预告是非常有必要的。

案例中的主播所做的预告非常具有代表性，首先预告下一场直播的时间，然后预告下一场直播的产品，接着预告了下一场直播的优惠力度，最后特地叮嘱没有关注他的粉丝记得关注他。

实战演练

场景1

在结尾做产品预告时，我们可以这样说：

"明天直播的产品都是我们团队精挑细选出来的，每一款都做了测评。这些产品有你们最爱的品牌××……具体有哪些产品，将在明天的直播中揭晓。"

场景2

在结尾做关于优惠力度的预告时，我们可以这样说：

"宝贝们，明天的直播你们一定要来看哦，因为明天的优惠力度很大，我也会给大家送上各种福利。具体福利我可以透露一点。首先，明天直播的产品都会有赠品，而且赠品的价值都不低。其次，直播间给大家准备的福利有现金红包和大彩蛋。红包有多大，大彩蛋是什么，都会在明天的直播中揭露哦！"

技巧点拨

技巧：在直播预告中植入悬念

首先，我们可以将优惠和福利作为悬念。我们在预告下一场直播的优惠和福利时，不需要给出所有信息，因为如果优惠和福利没有达到粉丝的期望值，他们就不会来直播间。

其次，我们可以将直播的产品作为悬念。我们在做产品预告时，可以只预告品牌，不预告具体的产品，因为品牌的受众要比单品的受众多得多。

结尾植入的悬念有一个就好，太多反而会让粉丝觉得我们在故弄玄虚，效果只会适得其反。

51　用优惠力度最大的产品来"固粉"

每一场直播都有优惠力度最大的产品，我们可以将优惠力度最大的产品放在最后，以此达到"固粉"的目的。

忠实粉丝会从开头一直看到结尾，一来是出于对主播的喜爱，二来也希望不错过直播中的彩蛋。将优惠力度最大的产品作为彩蛋，并将其放在结尾，能在很大程度上给粉丝意外的惊喜。

某主播一场直播下来往往长达六七个小时。她的直播风格幽默有趣，推介的产品也好用实惠，很多粉丝都会在她的直播间待到直播结束。为了感谢粉丝的支持，该主播每一次在直播快要结束时，都会用优惠力度最大的产品来"宠粉"。

在快要接近直播尾声时，她是这么对粉丝说的："今天的直播到这儿就要结束了，感谢宝贝们的捧场。为了感谢你们，在今天的直播结束之前，我特地给你们准备了一个大彩蛋。没错，这就是我最后要向大家推荐的产品。"

主播从助理手上接过一盒面膜后，继续对粉丝说："这款面膜是一款药妆面膜，它的主要功效就是修复红血丝、晒伤、痘印。它的成分是纯天然有机植物提取物，非常安全。这款面膜有多大牌，不用我说，大家都知道。"

"这款面膜官网的售价是每盒 ×× 元，本场直播只需要 ×× 元。这款面膜算是大彩蛋。"

这款面膜本来就有很多粉丝，而且直播间的价格比官网价低很多，这令直播间的粉丝感到惊喜不已。

案例中的主播在直播快要结束时，一边感谢粉丝的支持，一边用最优惠的产品来回馈粉丝。她还明确地向粉丝说明了为什么给出这么大力度的优惠。粉丝在听到主播的介绍后，内心会很感动，也会很惊喜，这款产品获得高销量也是理所当然的。

实战演练

> 在直播快要结束时，我们可以这样引出本场直播最优惠的产品：
>
> "不知不觉，今天的直播就到了尾声。在开播的时候，我说过今天会给大家准备一个惊喜。来，从开播一直待到现在的宝贝请在直播间里报个到，我看看有多少人。我要告诉你们，你们今天的陪伴和等待是值得的，因为我给你们准备了一款白菜价的产品……"

技巧点拨

技巧：用直播间最大的福利来"固粉"

在直播快要结束的时候，我们除了用优惠力度最大的产品来"固粉"，也可以用直播间最大的福利来"固粉"。

通常来说，一般的福利都安排在直播的开头和中间，而最大的福利都留在结尾。将最大的福利留在结尾，一是为了留住粉丝，二是为了感谢粉丝，三是为了博得粉丝的好感，实现"固粉"的目的。知名主播李佳琦每次直播都会准备各种各样的福利，最大的福利都留在了结尾，所以大家都说他非常会"宠粉"。

当我们对某件产品在买与不买之间摇摆不定时，如果销售员一直在我们的耳边催促，我们肯定会感到反感。同样的道理，主播也不能毫无技巧地一味催单，否则容易引起粉丝的反感。

52　再次强调优惠力度，给粉丝一个提醒

在直播接近尾声的时候，常常会出现粉丝下了单却一直不付款，或者问了许多问题但就是不下单的现象。面对这样的情况，如果主播不积极地催单，那么业绩肯定上不去。

如果毫不掩饰地催粉丝下单，不仅起不到作用，还可能适得其反。这一单做不成事小，被粉丝拉入黑名单事大。那么，应该如何催促粉丝在直播快要结束时下单呢？我们可以再次强调优惠力度，巧妙地提醒粉丝。

案例回放

某主播在直播接近尾声的时候，发现有很多订单没有付款。他没有直接催促粉丝，而是用强调优惠力度的方式来提醒粉丝付款。

这位主播是这么说的："今天所有的化妆品都直播完了，我也即将

下播了。我刚刚看了一下后台，发现有很多宝贝下了单，但没有付款。亲爱的，你们还在犹豫什么呢？在开直播之前，我就告诉过你们，今天这场直播的主题是'超低价'，所以今天每一件产品的价格都是全网全年超低价。如果你这一年里能碰到比今天还低的价格，统统来找我！今天的优惠力度真的是超级大，今天买肯定是赚到了。所以，还没有付款的宝贝们，赶紧行动起来吧！"

解 析

在短时间内，直播间内产品的销售额是远远高于产品在官网上的销售额的。直播间为什么能创造那么高的销量？这是因为直播间的优惠力度大，而粉丝也受到了从众心理的影响。一旦直播结束，抢购的气氛消失，原本下了单但还没有付款以及原本想买某件产品的粉丝就可能会打消购买的念头。因此，主播一定要尽可能在直播结束前催促粉丝下单付款。

实战演练

当使用对比的方式来强调优惠力度，刺激粉丝下单付款时，我们可以这样说：

"宝贝们，还没有付款、下单的要赶紧行动起来，直播一结束，产品就会恢复原价。今天直播间的每一件产品都超级划算，就像我今天直播的那款眼霜，它的官网价格是××元，我们直播间的价格都是在××元至××元之间，以前没有出现过像今天这么便宜的价格。你今天买了，肯定不会后悔的。"

技巧点拨

技巧：有针对性地强调个别产品的优惠力度

一场直播涉及的产品有很多，每一件产品的优惠力度都是不同的。我们不可能逐个说明每一件产品的优惠力度，一来时间不容许，二来会令粉丝感到厌烦。我们只能有针对性地强调个别产品的优惠力度。

如何挑选出"个别产品"呢？我们要看产品的销售数据和优惠力度。如果某件产品的许多订单都没有付款或者销量不高，但优惠力度很大，就可以将这件产品挑出来单独强调一下。

53　避免"快下单"式的催促，给出下单建议

主播最重要的职责就是卖货。很多主播在直播快要结束时，总是忍不住催促粉丝尽快下单。然而，一味催促并不能带来积极的效果，反而有可能让粉丝心生反感，如果粉丝取消关注或者订单，就得不偿失了。

那么，如何做才能让粉丝在直播快结束下单呢？提出下单建议可能是更好的办法。

某主播在直播快要结束时，发现直播开头介绍的一款护肤产品的销量不高，很多粉丝提交了订单却没有付款。

眼看直播快要结束了，该主播说："宝贝们，我在一开始介绍的那款护肤产品的功效是有目共睹的，成分是纯天然的，十分安全，这个品牌也是国际大牌。更重要的是，今天直播间里的价格这么美丽，还有什么理由不入手呢！那些还没有付款的宝贝们，过了这村就没这个店了，一下播，优惠就会立马结束……"在主播提出下单建议之后，那些迟迟未付款的粉丝陆陆续续付了款。

解 析

主播要学会站在粉丝的角度思考他们迟迟不下单的原因。粉丝不下单的原因通常有以下四种：第一，对产品价格满意，但对产品的功效有所怀疑；第二，对产品的功效满意，但无法接受产品的价格；第三，怀疑产品的功效，对产品的价格也不满意；第四，对产品的功效、价格都满意，但这件产品不是刚需（见图7-3）。

案例中的主播面对迟迟不付款的粉丝，从产品的功效、成分、品牌、价格等几个方面打消粉丝的顾虑，说着说着，粉丝就下单了。

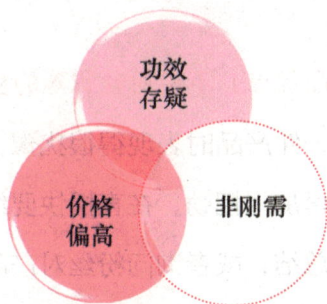

图7-3　粉丝不下单的原因

实战演练

场景1

如果很多粉丝还没有把产品加入购物车，我们可以这样说：

"宝贝们，不要再犹豫了，我今天推荐的这款产品真的非常好用，很多明星的化妆台上都有这款产品的身影。刚刚介绍的那款腮红，我在大家面前试用了，效果怎么样，大家都看得见……"

场景2

如果粉丝提交了订单但还没有付款，我们可以这样说：

"我看不少宝贝提交了订单但没有付款。这些宝贝们，你们要抓紧时间付款啊，因为有很多宝贝在后台咨询我们还有没有货。在5分钟之内，如果你们还没有付款的话，我们就主动取消订单，让其他宝贝购买了。"

技巧点拨

技巧 1：总结产品优点，不给粉丝犹豫的机会

如果粉丝在购买一件产品时表现得很犹豫，就说明主播对产品的介绍不到位，还需要再加一把劲。在直播快要结束的时候，主播要对产品的优点进行一个总结，或者询问粉丝对产品还有哪些疑问，然后针对这些问题进行详细解说。我们在总结产品优点的同时，也要委婉地提醒粉丝尽快下单。

技巧 2：制造紧张感，让粉丝来不及犹豫

很多粉丝在听主播介绍完产品后，把产品加入了购物车，也下了单，但到了付款这一步时，又开始犹豫。面对这种情况，我们要学会制造紧张感。例如，我们可以告诉迟迟没有付款的粉丝其他粉丝正在催问还有没有货，并提醒他们，再不付款的话，工作人员就会主动取消订单。粉丝意识到再不付款产品就会被其他人抢走，或者享受不到优惠，多半就会下单付款了。

第三节 在反思中获得进步

没有人都够做到完美，每一场直播都会有各种各样不完美的地方。能补救的，我们可以积极地补救；不能补救的，我们要进行反思，在反思中获得进步。

54 数据是最直观的参考

直播卖货成功的关键在于说服。不少主播都有这样的疑问：自己明明已经将所有信息传达给了观众，而且这些信息都是非常准确的，并没有夸张的成分，但为什么很多粉丝依然犹豫不决，迟迟不肯下单？他们究竟在担心什么？

这个问题很难回答，毕竟人的消费心理是非常复杂的。不过，这里有一个很好的办法，那就是用精确的数据来打消疑虑。数据比语言更加直白，在直播的过程中巧妙地运用数据，往往能有效地说服粉丝，进而刺激消费行为。

案例回放

谷阿莫是一名男主播，经过系统的培训之后，很快就用实力证明了自己。今天，谷阿莫在直播间推荐的是一款眉笔。

"谷阿莫是标准的无眉大侠，眉毛很稀疏，不知有多少人和我一样，这时候就少不了眉笔的加持了。这不，谷阿莫四处寻觅，终于找到一款'无眉大侠'的救星——××眉笔。"

"这款眉笔经过12道工序的精细打磨，笔头是砍刀形的，可以大片填补上色。笔芯软硬程度适中，很容易出色，使用起来也很流畅。我多次试验过，平均30秒就可以画好两个眉毛，女生速度会更快，非常适合新人。此外，在质量方面，厂家先后进行了4次安全验证，承诺连续使用2年无质量问题……"

解　析

案例中的主播没有用"经久耐用"或"质量放心"这样的形容词，而是用"这款眉笔经过12道工序的精细打磨""可以连续使用2年无质量问题"这种带有明确数字的话语进行说明。描述使用体验时，主播又给出了具体的数字："我平均30秒就可以画好两个眉毛，女生速度会更快。"数据越具体，说服力越强。

一家企业的员工手册里有这样一句话："如果能用带两位小数的数字说明问题，那么就尽可能不要用整数；如果能用精确的数字说明情况，那么就最好不要用一个模模糊糊的约数来应付别人。"

实战演练

场景1

在推介蚕丝面膜时，我们可以这样说：

"这款面膜由纯蚕丝制成，12 个蚕茧才能织成一张面膜，富含皮肤所需的 18 种氨基酸……"

场景2

当强调某款口红深受欢迎时，我们可以这样说：

"这款口红一直很受追捧，目前已经售出 1 万多支，平均每小时卖出 500 支，刚刚 1 分钟就卖出了 263 支……"

技巧点拨

技巧 1：数据要真实准确

数据产生说服力的前提是数据真实、准确，否则粉丝会认定主播是在故意欺骗，这将是对主播信誉的致命打击。在开播前，主播及其团队一定要做足功课，在列举数据的过程中要谨慎，并随时根据实际情况更新数据。

技巧 2：数据要丰富多样

滥用数据达不到预期目的，最有效的方法是将数据转换成受众能够理解并且喜欢的形式。例如，我们可以使用柱状图表示客流增长变化，用 3D 动画展现产品构造及规格。

55 注意老客户的活跃度

如果你只有一张优惠券，你会先给新客户，还是老客户？相信对不少主播来说这都是一个难题。

有人统计过，开发一位新客户的成本是挽留一位老客户的成本的3倍至10倍，向新客户推销的成功率是15%，向老客户推销的成功率是50%，60%的新客户来自现有客户的推荐（见图7-4）。

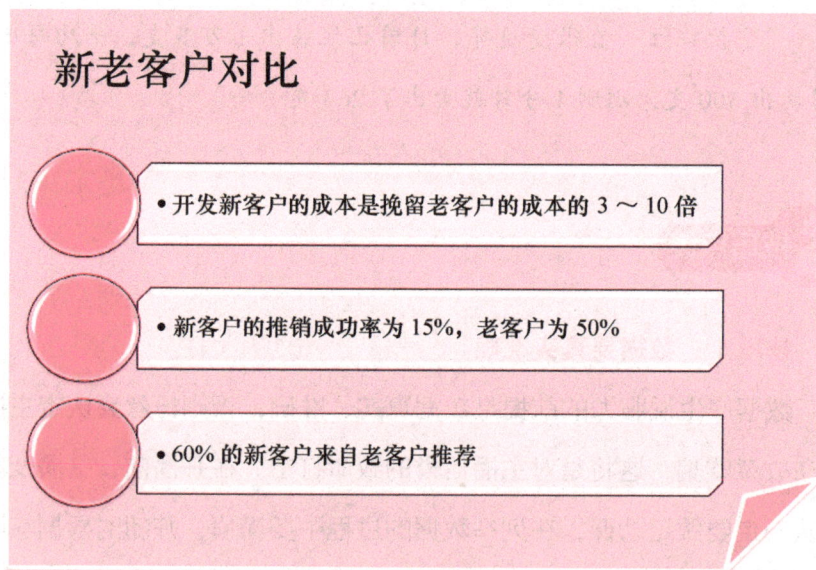

新老客户对比

• 开发新客户的成本是挽留老客户的成本的 3 ～ 10 倍

• 新客户的推销成功率为 15%，老客户为 50%

• 60% 的新客户来自老客户推荐

图7-4 新老客户对比

如今，获客成本越来越高。直播是一种粉丝经济，靠的就是粉丝量。"僵尸粉"是没有用的，只有活跃用户才能为平台带来价值。化妆品并非一次性消费品，如果主播只注重开发新粉丝，却忽视了对老粉丝的维护，他们迟早会转身离开。

"废话不多说，先来抽波奖。"这是红色蔷薇的名言，在直播间里她总能换着花样往粉丝口袋里塞钱。截屏抽奖是她最常用的抽奖形式，由于抽奖的时间是不固定的，所以粉丝要全程观看直播。直播的屏幕变化比较快，截屏抽奖没有什么技巧，全靠粉丝的反应，所以参与度极高。

"今天是我们的会员日，专为会员宝宝们服务。今天首先给大家推荐的是一款洗面奶，清洁能力非常好，敷在脸上按摩 3 分钟就是一次舒适的面膜享受。原价 48 元，会员专享 29.8 元，现在购买还送精美发带哦……我看几位老朋友已经抢拍了，你们每次速度都超快的，厉害！"

解 析

用户活跃率是一个十分重要的指标，通过观察用户活跃率的变化，就可以对主播的运营情况做出基本的判断。

如果主播一味地介绍产品，销售的目的性未免太强，对粉丝的吸引力也不足，时间长了，老粉丝就会变成"僵尸粉"。案例中的主播不仅经常推出"截屏抽奖"活动，还定期举办一些会员福利活动，这些积极互动就像鱼饵一样，吸引粉丝像鱼儿一样游过来。

　　更重要的是，主播的口吻就像和朋友聊天一样，不仅炒热了直播间的气氛，还会让粉丝对主播产生信任和依赖。只要粉丝实现从"要我买"到"我要买"的转变，转化率肯定是极高的。

实战演练

<table>
<tr><td align="center">场景1</td></tr>
<tr><td>　　在直播过程中，我们可以这样向老用户喊话：

　　"欢迎老朋友，小琳、阿妹、晓蓉，今天来得都好早啊！这次的小金盒眼睫毛大家期待已久，你们是不是已经摩拳擦掌了？"</td></tr>
<tr><td align="center">场景2</td></tr>
<tr><td>　　在直播过程中，我们可以这样邀请老粉丝拉新：

　　"看直播拿奖品，尽在今晚7点。老用户邀新用户关注，成功邀请1人奖励5元，成功邀请2人奖励10元，邀请越多，奖励越多！"</td></tr>
</table>

技巧点拨

技巧1：分类管理粉丝

　　知己知彼才能百战百胜，对粉丝进行分类管理很有必要。最活跃的那群粉丝有什么特点？主要从哪些渠道来的？活跃度低的那些粉丝有什么特点？利用后台的统计功能，对数据进行监控，掌握每一位粉丝详细、全面的资料，才能在直播的过程中有的放矢。

技巧 2：定期追踪粉丝

粉丝的情况不是一成不变的，进入不同年龄段、不同的环境，想法和需求也会有所不同。我们要定期跟踪粉丝，留意粉丝的最新动向，根据其需求推出更有针对性的活动，结合产品进行深度运营。粉丝需要什么，就帮粉丝找到合适的产品，成交率必然大大提升。

56 对直播间来说粉丝转化率最重要

访客进入你的直播间后，通常并不会在第一时间购买产品，除非你是非常知名的主播。不少主播曾经或正在遭遇这样的烦恼：每天观看直播的人也不少，但好多人只是看看就走了；很多人只买一次，几乎再也没有复购过……

为什么呢？因为你尚未取得他们的充分信任。那么，如何解决这个问题呢？

成功的主播无一例外都掌控了最核心的资源——粉丝。流量往往是一次性的，而粉丝是具有持久生命力的。一场直播下来可以没有成交，但一定要有粉丝转化，粉丝越多，卖货才会越容易。

具体来说，粉丝转化可以从图 7-5 所示的四个方面着手。

一旦拥有一批"死忠粉"，你会发现，他们不仅会长期重复购买你的产品，还会主动向其他人推荐你。例如，一位热爱苹果品牌的忠实粉丝，不仅每次更换手机时都选择 iPhone，还会把苹果公司旗下的所有产品（如 iPad、Apple Watch 等）都买下来，主动向其他亲友推荐苹果公司的产品。

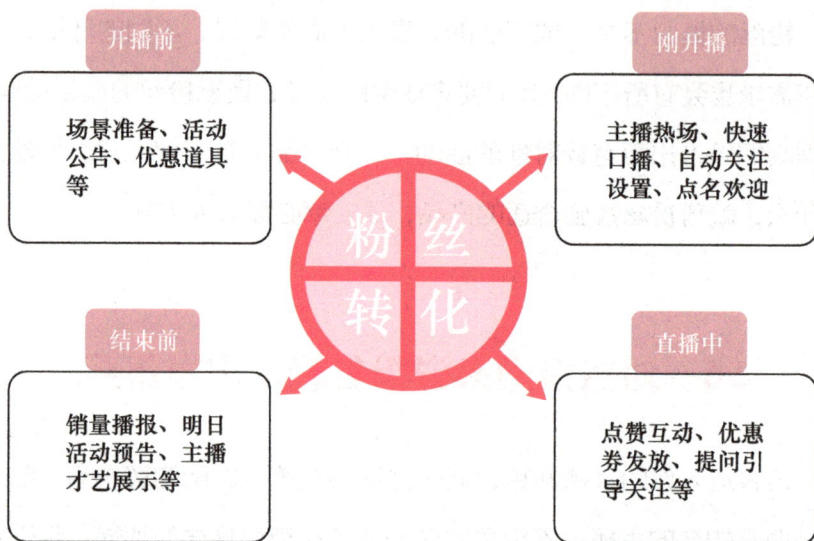

图7-5　粉丝转化流程

有了一批忠诚的粉丝，销量可以轻松提升 25％ 至 100％，这个业绩十分可观。

案例回放

"欢迎 ×××，我是你们的砍价小能手薇薇安，专注好用的国货护肤品。"

薇薇安是一名新人主播，为了让更多的人记住自己，直播过程中只要有陌生观众进入，她就会在第一时间介绍自己的直播内容："今天给大家带来的是一款精华露，集保湿、美白、去细纹等功能为一体，超级好用，可以说是国货中的良心产品了，最近也是很热销的。作为砍价小能手，薇薇安自然不会让大家失望啦，我跟厂家砍到了最低价，非常值得入手。”

在直播过程中，薇薇安还会不间断发送“超级好用”“国货中的良心产品”“拿货超低价”“下单有惊喜哦”等关键词弹幕，并不时地开开小玩笑。

虽然是新人，但薇薇安的直播间从不冷清。

解析

案例中主播的成功之处在于她事先剖析消费群体的特征，对自己的定位进行了规划。“砍价小能手”只是短短的一句话，却让自身的形象变得更加鲜明立体，给直播间的观众留下了深刻印象。

特别的称谓能够进一步激发观众的参与感。“我是你们的砍价小能手”这句话可以瞬间拉近主播与粉丝的距离，让粉丝感到亲热之余还能进一步提高粉丝留存率。

主播通过不间断发送“超级好用”“下单有惊喜哦”等关键词弹幕，反复给予粉丝心理暗示，让他们对活动内容、活动力度一目了然，刺激粉丝积极地参与到互动中，进一步提高其留存率。

实战演练

场景1
当希望观众积极关注时，我们可以这样说："老铁们，我开播了，点进直播间关注我，你会学到超多变美新方法，更有惊喜好礼相送噢！分享直播间还能提高中奖概率呢！"
场景2
当呼吁粉丝积极互动时，我们可以这样说："宝宝们好，今天我的粉丝即将破10万，大家赶紧刷起来。一破10万，红包撒起来，舞儿跳起来！你们还想要什么？赶快在留言区评论哦！"

技巧点拨

技巧1：开通 VIP 会员

适时开通 VIP 会员，提供特别的服务，如会员享受更低折扣、免费护肤咨询、快速售后服务通道等，可以让用户感受到极大的尊重，驱动他们重复购买。当然，这要建立在产品质量可靠的基础上。

技巧2：打造独特人设

现在化妆品直播行业的竞争十分激烈，那些脱颖而出的主播往往具有独特人设。所谓人设，就是个性化的标签或者符号。人设越鲜明，越有差异性，越能聚集粉丝，越能更快速地传播有价值的内容，进而大幅度地提高主播自身的商业价值。